全国职业培训推荐教材
人力资源和社会保障部教材办公室评审通过
适合于职业技能短期培训使用

社区保洁

(第三版)

陈莉平　何建军　主编

中国劳动社会保障出版社

图书在版编目(CIP)数据

社区保洁/陈莉平，何建军主编. —3 版. —北京：中国劳动社会保障出版社，2014

职业技能短期培训教材

ISBN 978-7-5167-1095-1

Ⅰ. ①社… Ⅱ. ①陈…②何… Ⅲ. ①社区-清洁卫生-技术培训-教材 Ⅳ. ①R126

中国版本图书馆 CIP 数据核字(2014)第 140381 号

中国劳动社会保障出版社出版发行

（北京市惠新东街 1 号 邮政编码：100029）

*

中国标准出版社秦皇岛印刷厂印刷装订 新华书店经销

850 毫米×1168 毫米 32 开本 3.875 印张 96 千字

2014 年 6 月第 3 版 2021 年 3 月第 12 次印刷

定价：9.00 元

读者服务部电话：(010) 64929211/84209101/64921644

营销中心电话：(010) 64962347

出版社网址：http://www.class.com.cn

前言

职业技能培训是提高劳动者知识与技能水平、增强劳动者就业能力的有效措施。职业技能短期培训，能够在短期内使受培训者掌握一门技能，达到上岗要求，顺利实现就业。

为了适应开展职业技能短期培训的需要，促进短期培训向规范化发展，提高培训质量，中国劳动社会保障出版社组织编写了职业技能短期培训系列教材，涉及二产和三产百余种职业（工种）。在组织编写教材的过程中，以相应职业（工种）的国家职业标准和岗位要求为依据，并力求使教材具有以下特点：

短。教材适合15～30天的短期培训，在较短的时间内，让受培训者掌握一种技能，从而实现就业。

薄。教材厚度薄，字数一般在10万字左右。教材中只讲述必要的知识和技能，不详细介绍有关的理论，避免多而全，强调有用和实用，从而将最有效的技能传授给受培训者。

易。内容通俗，图文并茂，容易学习和掌握。教材以技能操作和技能培养为主线，用图文相结合的方式，通过实例，一步步地介绍各项操作技能，便于学习、理解和对照操作。

这套教材适合于各级各类职业学校、职业培训机构在开展职业技能短期培训时使用。欢迎职业学校、培训机构和读者对教材中存在的不足之处提出宝贵意见和建议。

人力资源和社会保障部教材办公室

简介

本书首先简要介绍社区保洁基本知识，包括认识社区保洁工作、保洁基础知识；然后介绍社区保洁工作的主要环节，包括保洁设备用具用品使用与保养、保洁作业技能、有害生物的防治与灭杀等与社区保洁工作实际紧密联系的工作技能。

本书从当前社区保洁岗位实际需要出发，针对职业技能短期培训学员的特点，基本不涉及复杂的理论，强化了技能的通用性和实用性。全书语言通俗易懂、图文并茂，通过对本书的学习，学员能够达到社区保洁相关岗位的技能要求。本书还可供初涉或从事社区保洁工作的人参考。

本书在编辑整理过程中，获得了许多职业学校、职业培训机构、社区服务一线从业人员和朋友的帮助与支持，其中参与编写和提供资料的有陈莉平、何建军、侯其锋、陈世群、何志阳、刘少文、宁仁梅、李景吉、李景安、赵仁涛、陈运花，最后全书由滕宝红统稿、审核完成。

目录

第一单元　认识社区保洁工作

本单元学习目标：

1. 了解保洁管理的含义、保洁工作的重要性。
2. 了解社区保洁管理的范围和制度建设。
3. 了解保洁管理的具体措施。
4. 掌握保洁员的工作职责及任职要求。

模块一　社区保洁概述

一、保洁管理的含义

保洁管理，是指保洁管理机构通过宣传教育、监督治理和日常保洁工作，保护社区环境，防治环境污染，定时、定点、定人进行生活垃圾的分类收集、处理和清运。通过清、扫、擦、拭、抹等专业性操作，维护社区所有公共地方、公用部位的清洁卫生，为社区塑造文明形象，提高环境效益。

二、保洁工作的重要性

1. 保洁提供最基本的工作和生活环境

保洁既是工作的需要，也是生活的需要。优美、整洁的环境，不仅有益身体健康，而且能使人赏心悦目，提高工作效率。

2. 保洁是建筑和设备维护保养的需要

保洁工作在延长建筑物和设备使用寿命上起到重要的作用。

外墙瓷砖、花岗石如果不经常保洁保养，其表面就会逐渐受到侵蚀；不锈钢扶手如果不及时保洁保养，就会生锈，失去光泽；木质地板如果不经常保洁、打蜡，就会变得灰暗毛糙；地毯如果不经常清洗，就会很快变得肮脏不堪。调查表明，地毯保养不好只能用 1～2 年，保养得好可用 3～4 年。可见，应当从建筑物和设备保养的高度、从经济的角度来认识保洁工作的重要性。

3. 保洁是一门技术

许多人认为，保洁工作就是扫帚扫扫、抹布抹抹，实际上，现代保洁工作涉及化学、物理、机械、电子等学科的知识。不同的建筑物材料需要使用不同的保洁剂，各种现代化保洁设备（吸尘器、磨光机、吸水机、洗地毯机等）的操作使用，高层外墙保洁的危险性与复杂性等，使现代保洁工作具有相当程度的技术性。

三、社区保洁管理的范围和制度建设

1. 社区保洁管理的范围

（1）公共地方的保洁。公共地方即指社区范围内、楼宇前后左右的公共地方，包括道路、广场、空地、绿地等的清扫保洁。

（2）公用部位的保洁。即指楼宇地层到顶层屋面上下空间的公用部位，包括楼梯、走道、电梯间、大厅、平台等的清扫保洁。

（3）生活垃圾的处理。指日常生活垃圾（包括装修垃圾）的分类收集、处理和清运。要求和督促业主（用户）按规定的地点、时间和要求，将日常垃圾倒入专用容器或者指定的垃圾收集点，不得乱倒。

2. 保洁管理的制度建设

（1）明确要求。如处理日常垃圾由专人负责、日产日清，定点倾倒、分类倾倒，定时收集、定时清运，按照规定的工作流程履行保洁的岗位职责等。

（2）规定标准。标准是衡量事物的准则，也是评价保洁工作的准绳。社区环境保洁的通用标准是“五无”，即无裸露垃圾、无垃圾死角、无明显积尘积垢、无蚊蝇虫滋生地、无“脏乱差”顽疾。住房和城乡建设部颁布的《全国城市马路清扫质量标准》中，有两条可以作为衡量社区道路清扫保洁质量的参考：一是每天普扫两遍，每日保洁；二是达到“六不”“六净”标准，六不：不见积水、不见积土、不见杂物、不漏收堆、不乱倒垃圾和不见人畜粪；六净：路面净、路沿净、人行道净、雨水口净、树坑墙根净和废物箱净。

3. 保洁管理措施

（1）生活垃圾分类袋装化。生活垃圾分类袋装化有利于提高社区的文明程度和环境质量。环境保护机构与专业保洁公司（或物业公司）应向居民宣传生活垃圾分类袋装化的优越性，要求居民将垃圾装入相应的专用垃圾袋内，丢入指定的容器或者指定的生活垃圾收集点，不得随意乱丢。存放各类生活垃圾的塑料袋应完整不破损，袋口扎紧不撒漏。

（2）配备必要的硬件设施。为了增强清扫保洁工作的有效性，相关机构还应配备必要的硬件设施。

（3）依法处罚。对于各种不良的卫生习惯，除了进行宣传教育外，还应当采取必要的硬性措施，依法按规地进行经济或行政处罚。

模块二　社区保洁员的职责与任职要求

一、工作职责

社区保洁员的工作职责主要包括以下 4 点：

（1）负责将各类垃圾清运到中转站。

（2）清扫公共走廊、楼梯、电梯、停车场、绿地、公共设施周边环境，保持区内公共区域无纸屑、烟头、痰迹、污垢。

（3）定期消杀各类害虫，保持区域卫生干净。

（4）处理与清洁卫生相关的其他事宜。

二、任职要求

保洁工作要求每天按时进行，并做好日常的清理、整理工作。由于工作的特殊性，要胜任保洁工作需要符合一定的要求。

1. 能力要求

要做好日常的清洁、保养工作，保洁员要具备基本的专业能力，具体表现为：

（1）了解清洁的区域范围及清洁要求，在开始工作前对工作对象、工作性质等有基本的了解。

（2）了解常见的污垢，包括灰尘、污渍等的形态及清洁方法。

（3）熟悉各类垃圾的分类收集、处理和清运的方法。

（4）了解常见消杀药剂的使用方法。

（5）熟悉常见的清洁工具及其使用方法。

（6）掌握各种清洁药剂、常用设备的使用技能。

2. 基本礼节

在日常的工作中，保洁员要注重基本的礼仪规范。

（1）仪容仪表

1）必须按规定穿工作服上岗，要常洗常换，保持干净、整洁，上衣扣子扣好，胸牌端正戴在左胸上方。

2）头发保持整洁。男士头发不能过长，女士的长发要盘起。

3）不能佩戴多余首饰，不留长指甲。

（2）礼貌用语

1）基本的礼貌用语。使用“您好”“请”“对不起”“谢谢”“没关系”“不客气”“打扰了”等语言。称呼他人时，语言一定要得体。

2）个性化的服务用语。保洁员在不同的单位、不同的场合工作，在工作中遇到的对象有所不同，因而服务用语也有所区别，在进入某家单位或区域工作前一定要对此有所了解。

（3）其他礼仪。在公共区域清洁时应注意前后行人，速度要适当放慢，遇有多人同行，要停下手中工作待他人走过去后再继续清洁。

3. 职业道德

保洁员的工作态度、工作效率直接影响服务区域的干净、整洁度，虽然工作琐碎繁杂，但保洁员应具备基本的职业道德，具体包括以下内容：

（1）遵守相关的服务规定，敬业爱岗。

（2）端正工作态度，树立良好的服务意识，努力工作。

（3）严格按保洁的具体要求做好相应的保洁服务，不能有遗漏或疏忽。

（4）爱护各种工具和设备，做好日常的养护。

（5）遵纪守法，绝不能有偷盗行为。尤其在进行室内清洁时，不能随意翻看他人物品，更不能偷窃他人物品。

★提示：

保洁员在保洁时，如果拾到他人遗失的钱包、手机等物品，能返还的要及时返还，不能返还的一定要及时上交，绝不能据为己有。

第二单元　保洁基础知识

本单元学习目标：

1. 了解清洁工作中常见的污垢，掌握常见污垢的处理方法。

2. 了解保洁事故发生的各类原因及安全事故的防范措施。

3. 掌握各项保洁作业中的安全注意事项及意外受伤的处理方法。

模块一　常见污垢及处理方法

保洁工作本质上就是保证区域内的卫生干净，对于各种常见的污垢及其分类应有基本的了解。

一、污垢的分级

根据不同的脏污程度，可将污垢分为三级：一级是灰尘，二级是污渍，三级是污垢，且一级比一级严重，通常所说的污垢是这三种类型的统称。三种污垢的表现形式及危害详见表 2—1。

二、污垢的类型

由于各种建筑物与物品的使用环境不同，具体的使用情况也各有差异，因此污垢的种类、成分也有所不同。下面对常见的污

表 2—1　　污垢分级

类型	表现形式	主要危害
灰尘	（1）空气中的浮尘 （2）物品表面的灰、纤维、沙砾等 （3）人体遗留下的肤屑、细菌等	（1）影响物品表面的光泽度 （2）严重的会散发出霉味，滋生虫害，损坏建筑物装饰表面材料，破坏生活环境
污渍	由多种成分的灰尘和水的混合物及油、泥浆、染料等的渍迹组成，多见于建筑物外、瓷砖地板表面	（1）影响美观 （2）污渍不及时清除会长期留存，污损各种材料、物品，存留时间太久就很难清除
污垢	（1）各种建筑物装饰表面的印迹 （2）金属表面的氧化物质，如铁锈	不及时清洁就会留下永远的痕迹，使装饰表面失去光彩

垢进行粗略的分类（见图 2—1）。

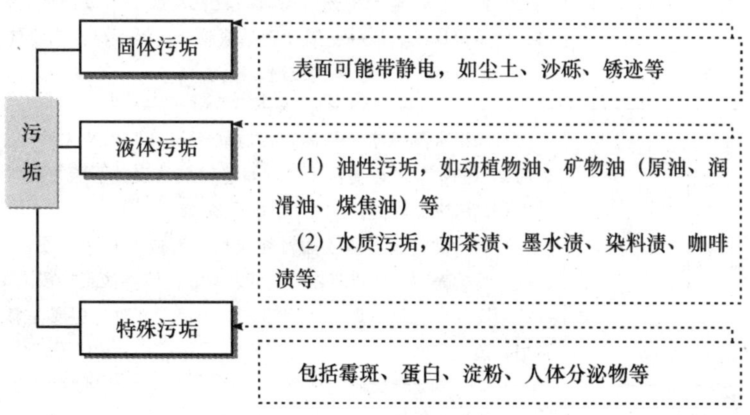

图 2—1　常见污垢的类型

三、污垢的清除方法

不同污垢的清除方法各有不同，下面对常见的污垢清除方法进行简要分类说明（见表 2—2）。

表 2—2　　　　污垢的类型及清除方法

序号	污垢类型	清除方法
1	水垢	一般用酸性清洁剂清洗，严重的还需用铲刀铲除后再清洁
2	锈垢	（1）一般用中性清洁剂，对于较厚的锈垢，要使用工具先行清除 （2）清洗后要用干抹布擦干，并喷养护剂进行保养
3	油垢	（1）一般用中性清洁剂，对于顽固的油垢可使用碱性清洁剂 （2）可使用抹布或拖把蘸清洁液擦洗，更顽固的要使用钢丝球、铲刀等先清除
4	装饰胶污垢	（1）如果装饰胶黏附于物体表面时间不长，可用软的纸巾擦拭，注意擦拭时尽量不要扩大擦拭面积，擦拭完成后再用一些有机溶剂浸泡、清洗 （2）如果胶黏附于物体表面时间较长且胶已形成固体时，可以使用刀具或其他一些固体物刮除胶体，但不得损伤物体表面，擦拭后再用有机溶剂浸泡、清洗
5	水泥污垢	（1）如果水泥黏附于物体表面时间不长可以用清水冲洗，表面光滑的一般可以清洗干净，有些粗糙的表面不能完全清洗干净，清洗完后仍会在表面形成污渍 （2）如果黏附于物体表面时间较长会形成水泥污垢硬块，一些光滑的表面，如瓷砖表面，可以用酸性清洁液直接浸泡，一些顽固的水泥块可以先用水泡，再用铲刀清理，但要注意不损坏清洁表面
6	油漆污垢	（1）除漆一般使用有机溶剂，如乙二醇苯醚 （2）在清除油漆操作过程中，一般先根据产品说明稀释溶液，把物体表面油漆部分浸泡于溶剂溶液中（不能放入溶液的物品可以用浸有溶液的抹布打湿有污垢的表面），浸泡一段时间后再用抹布擦拭，可以重复浸泡、擦拭直至完全清除

★提示：

对于顽固的各种污垢，一般都要先行铲除，可使用铲刀、刮刀等，但必须注意不能损坏物品表面。

模块二　保洁作业安全

一、引发保洁事故的因素

引发保洁事故的因素既有人为的，也有客观的。

1. 人为因素

在保洁工作中发生的事故许多是人为因素导致，主要表现在保洁员违章操作和违反劳动纪律两个方面。

（1）违章操作

1）不按规定穿戴和使用劳动防护用品。在作业过程中，赤脚或穿拖鞋、凉鞋，高空洗墙壁作业时不系保险带，消毒时不戴口罩和手套等。

2）不按操作规程、工艺要求操作设备。如擅自在吸尘器、洗地机等机器运转时进行加油、修理、检查、调整和排除故障等作业。

3）不执行规定的安全防范措施，对违章指挥盲目服从。如带电操作，不设安全防护栏等；超负荷加班加点，疲劳工作。

4）擅自动用未经检查、验收、移交或已查封的设备和车辆，以及未经领导批准而随意动用非本人操作的设备和车辆。

5）对易燃、易爆、剧毒物品，不按规定进行储运、收发和处理。

6）发现设备或安全防护装置缺损、失灵，不向安全管理人员和领导反映，继续冒险操作，或者自作主张将安全防护装置弃之不用甚至随意拆除。

（2）违反劳动纪律

1）上班迟到、早退，中途离岗；上班时间干私活、办私事、聚集闲谈、嬉戏、睡觉、看电视、看书报、下棋、打扑克等出工不出力现象。

2）工作中不服从管理者的安排，不听从指挥；无理取闹，纠缠领导，影响正常工作。

3）聚众闹事，打架斗殴，酗酒肇事。

4）不遵守劳动纪律和操作规程。如不按规定携带工具、设备等。

2. 客观因素

保洁工作中发生的事故，除了人为因素引发，还有一些客观因素，具体见表2—3。

表2—3　　引发保洁事故的客观因素

序号	类别	具体内容
1	设备、设施、工具、附件本身存在缺陷	（1）设备功能有缺陷，机械装置、用具配置有缺陷 （2）设备带“病”运转、超负荷运转 （3）设备、设施、工具等强度不够，有故障未及时修复
2	防护设施、安全装置的缺陷	（1）各种清洁设备未接地或绝缘不良 （2）进行高空洗墙作业时，安全绳、吊板等有破损
3	工作场所的缺陷	（1）没有安全通道，工作场所间距太小，不符合安全要求 （2）物件堆置的方式或放置的位置不当等 （3）乱接电线，将生活用品堆放在工作场所 （4）乱丢垃圾及烟蒂
4	作业环境、防护用品用具的缺陷	（1）作业环境的道路、交通不畅，照明太暗或太亮，通风换气差，噪声大 （2）必备的劳动防护和消防、急救的用品、用具缺失 （3）作业用品、用具的具体使用和操作规定相关说明缺失

二、安全事故的防范措施

1. 掌握安全技能

为了保证安全作业，保洁人员必须做到以下两点：

（1）认真学习，掌握技能。进入工作岗位后，面对新的工作环境、新的工作要求，必须认真学习和掌握正确的作业技能和安全操作规范。牢记安全事故教训，对安全隐患和事故多发区域要多问多记，做到心中有数，切不可擅自作业，要尽快掌握作业技能。

（2）提高技能，保证安全。在上司或同事指导下进行实践，自我检查，发现不正确的操作方法应认真进行自我纠正，逐步掌握正确的作业技能和操作方法，在作业中加强实践，刻苦训练，提高作业所需技能。

2. 安全防护

预防安全事故，不仅要从知识技能的学习着手，更应采取具体的措施进行防护。下面对常见的安全防护措施进行简要说明（见表 2—4）。

表 2—4　　保洁员的安全防护措施

序号	基本措施	具体说明
1	安全使用化学品	尽量使用低毒或无毒的清洁剂。所有盛装化学品的容器都应贴上标签，说明危害性和防护方法
2	正确选用工具	（1）选用较轻便的工具，如果工具或工具连同承载物较重，应保证操作人员能同时使用两手 （2）工具和手部接触处应没有尖锐或凸出的部分，但接触处也不能太光滑，以免工具滑脱
3	使用劳动保护器具	经常接触化学清洁剂及垃圾尘埃的人员应该穿戴合适的个人防护器具，如手套、安全工作胶鞋、防尘口罩等

三、各类保洁作业的安全细节

1. 高空洗墙安全

（1）作业前检查现场和各种所需工具，确保自身处于安全状态。

（2）高空现场作业人员要戴安全帽，严禁酒后作业。

（3）在作业现场的地面区域内设围栏作为安全区域，并安排一名地面安全员，阻止行人通行。发现未安排地面安全员或未设置围栏，应停止工作。

（4）作业时必须按照操作程序进行，如果发现异常要及时反映并停止作业，待异常或故障排除后再进行作业。

> **★提示：**
>
> 作业完成后，将吊绳、安全绳收好，并检查一遍破损情况。如发现绳子破损，应作报废处理；如绳子完好，则送回仓库，放置于干燥通风的地方，并做好绳子使用记录。

2. 公共道路清洁安全

在清洁公共道路时，由于来往车辆和人员较多，保洁员必须注意相关的安全要求，具体应做好以下事项：

（1）穿戴好劳动防护用品和反光衣，穿行道路要特别注意交通安全，遵守交通规则。

（2）检查环保车（如三轮车）车轮、车闸、车铃等是否齐全有效。

（3）骑行车辆清扫时必须遵守交通规则，要按车辆顺行方向清扫。

（4）三轮车应停在路边，如果有特殊情况需停在机动车道内，必须在车后适当距离处设置安全警示标志，如三角牌。

（5）清洗地面时，要使用洒水车，必须注意安全作业。

（6）冲洗地面时，驾驶员和操作员需配合得当，尽量避免水花溅及行人。

3. 消毒作业安全

在进行消毒作业时会使用到各种药剂，保洁员必须注意以下安全事项：

（1）做好防护，戴好口罩、手套等，必要时还需佩戴眼罩。

（2）消毒药剂必须按要求进行科学配比，以绝对保证人体安全。

（3）消毒完毕要及时清洗各种工具，并将药剂封闭保存好。

四、保洁员意外受伤的处理

保洁员在工作中意外受伤，轻伤要立即进行现场救治，伤势严重者应立即呼叫救护车送医院救治。在救护车到达前要对伤者进行正确处理，以减轻伤者的痛苦、减少抢救的困难、增加伤者复原的机会、降低伤残的概率。常见意外伤害的正确急救方法如下：

1. 突然晕倒

保洁员在烈日下工作突然晕倒，正确的处理方法是将其抬到阴凉且空气流通的地方，使晕倒的人员可以呼吸到充足的氧气，并由有经验的人员照顾，疏散围观的人群，直到救护车到达。

2. 意外触电

应立即切断电源。如一时找不到电源开关，应该用干燥的竹、木、胶棍等绝缘体将电线拨开或将触电者推离电源，然后立即为触电者进行人工呼吸和心脏按压。只有抢救及时才可能挽救其生命。

3. 沙粒或其他异物入眼

不能用手、纸巾或毛巾擦拭，以免擦伤眼角膜引起角膜炎造成严重后果。正确的处理方法是用清水冲洗。

4. 化学品入眼

应立即用清水不停地冲洗，直至眼睛恢复正常。

5. 化学品沾染身体其他部位

最好的办法是用大量清水冲洗。

6. 高空作业坠落

发现有人从高处坠下倒卧地上，在未了解清楚其受伤情况时不要立即搀扶。因为，如果坠下者不幸跌伤腰骨，出现腰椎骨折，此时扶起伤者就会使其脊椎弯曲，骨折的腰椎就有可能切断脊髓，从而造成其下肢瘫痪；如果是胸椎或颈椎骨折，草率的一扶、一弯甚至会立即危及伤者的生命。

正确的做法是：如果伤者还清醒，应该不断地与其对话，尽量保持伤者不昏迷；不要翻动伤者，但见到出血或衣服内有渗血，应及时压迫止血，注意伤者的呼吸，等候救护车到达。

7. 跌断肢骨、断骨刺穿皮肉

应用硬木板托住断肢，用现场可以找到的干净布料包扎止血，尽量不要移动断骨。

8. 铁钉或铁杆插入身体

正确的处理方法是：不要把铁杆或铁钉从伤者身体内拔出，应保持原状，将伤者直接送入医院，由医生妥善处理。因为铁杆或铁钉有可能插入血管，如把铁杆、铁钉拔出则可能导致伤者大出血，如果伤及动脉血管，就会有生命危险。施救者在搬动伤者时，要确保铁杆、铁钉不移动。

第三单元　保洁设备用具用品使用与保养

本单元学习目标：

1. 掌握各种清洁设备的操作与保养方法。
2. 掌握保洁常用工具的使用方法。
3. 掌握保洁清洁剂的使用方法。
4. 掌握消杀用药剂的使用方法。

模块一　清洁设备的操作与保养

为提高日常保洁效率，保洁员要使用到各种机械设备，常见的有吸尘器、吸水机、洗地机、抛光机、洗地毯机等。

一、吸尘器

吸尘器是用于地面、墙面和其他平整部位吸灰尘、污物的专用设备，它是清洁工作中最常用的设备之一。吸尘器由主体和附件组成，主体包括电机、风机、吸尘部分（由过滤器、储存箱组成），附件包括软管、接长管、刷头、吸嘴等。

1. 操作要领

使用吸尘器要遵循操作说明，并按表 3—1 中的操作要领进行。

2. 注意事项

在使用吸尘器时，应注意以下事项：

表 3—1 吸尘器操作要领

序号	操作要领	具体说明
1	使用前的清理	(1) 检查吸尘器是否正常、完好 (2) 清扫地面，捡拾地面上的纸张、钉子、玻璃片等
2	作业杆的把持	握好作业杆（管道部分），将吸嘴自然放在地面上，但不能过分用力按压，以免妨碍吸尘
3	掌握吸嘴角度	向后方（即向自己身边）拉动时，吸嘴面应稍微朝自己一方抬起，向前方推进时，吸嘴应稍微向上抬起
4	吸嘴的拉动速度	(1) 要轻轻地慢慢拉动，避免拉动过快而妨碍吸尘 (2) 拉动吸嘴时应注意尽量使地毯纤维排列整齐
5	作业方式	(1) 从角落开始，一边作业一边后退，向入口方向进行（见图 3—1） (2) 吸尘器要由前向后拉动，横向移动。相邻的吸尘部位之间应有 3 cm 左右的重叠部分

图 3—1 吸尘器作业方式

(1) 吸嘴要根据作业现场及时更换，尤其在角落及凸凹区域。

（2）作业前不能在地面上洒水，以免堵塞机器过滤部分。

（3）作业时，不能让吸嘴碰到墙壁或家具，防止电线在家具腿或物品上缠绕。

（4）作业结束后关掉电源，及时清除内部积存的垃圾和灰尘，整理各种附件，用抹布擦干净后放在指定位置。

★提示：

清洁地毯时使用吸尘器，要将机器主体和附件尽可能放在门口或入口处，以使用完后撤出而不在地毯上留下痕迹。

3. 日常保养

吸尘器的保养涉及使用和不用时两方面，具体的保养工作详见表3—2。

表3—2　　吸尘器的保养

序号	保养事项	具体说明
1	机器零件与主机	（1）在每次使用前，应检查储尘筒（箱）内是否清洁干净，电源及电线有无破损 （2）各附件如有灰尘污垢应及时用湿布擦拭干净，干燥后使用 （3）检查过滤器是否完好，若损坏应及时更换 （4）真空袋使用中性清洁液洗涤，晾干后备用
2	正常使用操作	（1）在使用吸尘器的过程中，若发现漏电或电动机温度过高以及异常响声，应立即停机检查 （2）如果发现吸尘未到饱和状态而集尘指示器红灯发亮时，是纸屑或碎布等将管道堵塞，应停机检查 （3）可将吸管安在排气口上，吹出堵塞物，以清除障碍 （4）地上的未灭烟头及针尖、图钉类尖锐物应当清除掉，不可以使用吸尘器吸入这些杂物

续表

序号	保养事项	具体说明
3	用完后的清洁	(1) 每次使用完毕，应先切断电源，然后清除储尘筒（箱）中的灰尘，用半干布擦拭 (2) 储尘筒（箱）可定期用温水清洗，然后在阳光下自然干燥 (3) 将吸尘器的配件拆开清理干净收好，放在干燥的地方备用
4	定期检查	(1) 每周或定期检查机体和附件上的螺钉是否有松动现象，如有松动应立即紧固 (2) 吸尘器的电动机碳刷每月检查一次磨损程度，如果碳刷短于 10 cm，要更换新碳刷

4. 故障排除

对于吸尘器的基本故障，保洁员要掌握具体的排除方法（见表 3—3）。

表 3—3　　吸尘器的故障排除

序号	故障特征	排除要点
1	吸尘器不吸尘	(1) 应检查软管、吸嘴是否堵塞。吸尘器的集尘袋接口处的微孔被堵塞会引起吸尘器不吸尘 (2) 拆开吸尘器，抖落软管内的尘土，清理吸嘴和集尘袋吸口处的堵塞物，或直接更换集尘袋 (3) 滤尘袋沾满灰尘也会导致吸尘器不吸尘。将绒布袋上的灰尘抖落，可以增加电动机的马力
2	漏气、跑风	应检查顶盖和中壳之间是否密封严密，检查电动机与吸尘器之间是否形成真空效果，如有漏气情况，要将螺钉拧紧，密闭成真空状态

续表

序号	故障特征	排除要点
3	吸尘效果差	（1）可能是由于转刷刷毛出现故障造成吸力下降所致。要将转刷拆卸下来，调整转刷组件的位置，使转刷刷毛能够和地面贴紧，完成起尘，如果发现毛刷已经磨损严重，应该立即更换 （2）可能是由于风扇叶有松动而在电动机轴上滑动影响吸尘效果。要检查风扇叶是否已经固定紧，并拧紧风扇叶的定位螺钉
4	电动机不转	要检查各零件是否接好以及电源是否正常，如果发现一切正常仍不能运转，则要立即上报维修部门检修

二、吸水机

吸水机也称吸尘吸水机（见图 3—2），在放上尘罩时作吸尘使用，换上电动机保护罩可以吸水。

图 3—2　吸水机吸水

1. 作业程序

吸水机在使用前要检查电源、吸扒等是否处于正常、完好、可使用的状态。具体作业时应遵循以下的程序（见图 3—3）：

2. 注意事项

保洁员在操作吸水机时应注意以下事项：

（1）吸水时，要注意储水桶的水位，满时要及时倾倒。

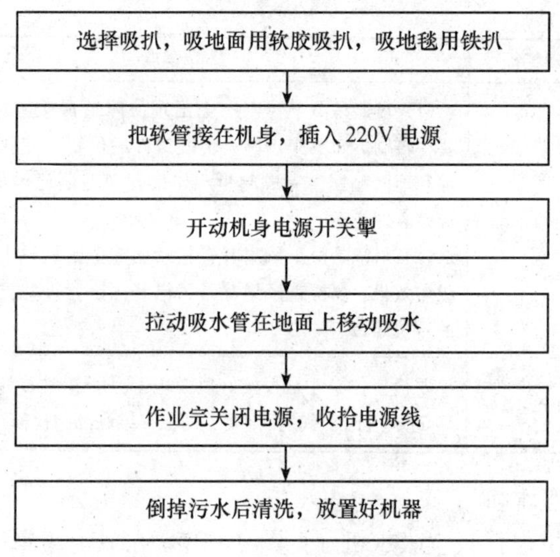

图3—3　吸水机的作业程序

（2）不能用吸水机吸尘以及吸大块的石块、钉子等。

（3）工作时，遇上带泡药水，如起蜡水、全能水、地毯水等需要添加化泡剂，以免泡沫升到马达处烧坏马达。

（4）吸水时要注意吸水扒不要碰到家具、墙壁等。

（5）使用完毕后，要倒掉污水，用清水洗净储水桶及过滤网、球等，用抹布抹净吸水机表面、接线，收好接线。

（6）如机内吸入酸性清洁剂，用后立即清洗干净，以免生锈，机身不锈钢壳用不锈钢油进行保养。

3. 日常保养

吸水机要做好日常的养护，具体要做好以下工作：

（1）吸水机内过滤器要拆开进行清洁，尤其是过滤网网眼，预防堵塞而影响吸水效果。

（2）使用完后，要清洁机器并擦干，以免生锈。

（3）机身不锈钢壳用不锈钢油进行保养。

(4) 使用机器要轻拿轻放，避免外力撞击。

三、洗地机

洗地机又名单擦机，由机身、针盘或针刷组成，它利用马达转动带动圆形针或针刷，对地面进行擦磨，主要用于硬质地面清洗（见图 3—4），是清洁保养中不可缺少的清洁设备之一。洗地机也经常和吸水机一起使用，如图 3—5 所示。

图 3—4 洗地机清洗地面

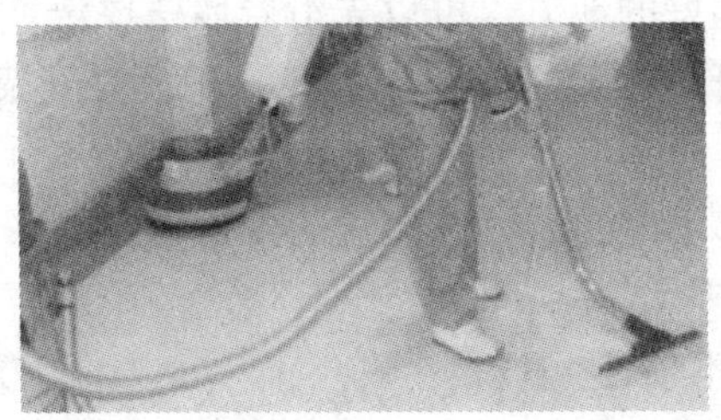

图 3—5 单擦机、吸水机配合洗地、吸水

1. 洗地操作

(1) 操作要领

1) 解开电源线，检查电源线有无破损易漏电地方，若完好，则可以在机体底部逆时针方向安装针座、洗地垫或洗地刷。洗平滑地面时，应装针座压紧百洁垫，洗不光滑地面应装上刷子。然后将手柄调节到便于操作的角度。

2）检查确认开关处于关闭状态后，插上电源。

3）将电源线放在背后，双手握住把柄，然后打开开关，此时刷盘或针盘与地面保持水平。抓稳操纵杆上下控制使机器左右移动，刷盘开始转动，确认无故障后，即可开始作业。

4）工作时，不要使用臂力强制机器前后左右移动，而是通过按压把手使机器本身移动，人体自然地随着机器移动。

注意：将把手向下按，机器向左移动；反之，将把手向上抬，机器则向右方移动（注意不要按压过分）。按下左手把手，机器重心向左时，机器向前；反之，按下右手把手，机器重心向右时，机器后退（注意不要按压过分）。

5）工作完毕或中止时，关上开关，机器停止转动。

（2）工作方式

1）工作时应使手刷盘或针盘的擦痕呈横向一字形，并一点点后退往复，第二行擦痕有几厘米重叠。

2）靠近墙壁的地方，可以先沿着墙壁擦洗，然后再擦洗中间，以防止操作不当弄脏或损坏墙壁，特别是安装落地玻璃的地方。

3）工作移动时，要注意接线的位置，避免接线绕在脚上或缠绕室内的设施。

（3）注意事项

1）将插头插入插座前，必须先检查开关是否关闭，防止机器突然转动引起事故。

2）作业过程中断或遇到停电暂不能作业时，必须关闭开关。

3）作业时，必须避免刷子接触电源线，以免电源线卷入刷子内。

4）使用清洁剂时，注意不要弄湿马达。

5）使用完毕后，先拔除电源线，再卸下地刷或针盘。

2. 洗地毯操作

（1）使用时

1）装上泡箱，拧紧固定螺丝。

2）将出泡软管插在机器的出水口，把泡箱电源插头插在机身上。

3）逆时针方向装上地毡刷。

4）插上电源按下调节开关，调节手柄杆至适合高度。

5）抓稳操纵杆，上下控制使机器左右移动。

（2）使用后

1）拔掉电源，卸下地毡刷并冲洗干净。

2）卸下泡箱，将清洁剂倒出。

3. 打蜡操作

（1）在机体底部逆时针方向安装针座、百洁垫。

（2）插上电源按下调节开关，将手柄杆调至适合高度。

（3）抓稳操纵杆，上下控制使机器左右移动。

（4）当机器移动时，拉动喷蜡控制杆将蜡水喷出，由底盘的百洁垫将蜡水均匀涂在地面上。

（5）用完后拔掉电源，卸下针座、百洁垫并清洗干净。

4. 注意事项

（1）开动擦地机时，电源线要在操作者的背后，避免刷子接触电源线将电源线卷进刷子内。

（2）使用清洁剂时，注意不要弄湿马达和插头。

（3）一定要将手柄杆调至适合自己的高度后再按操纵开关。

（4）使用完毕，手不要离开手柄杆，应等机器完全停止后再切断电源。

5. 日常保养

（1）每次使用完毕后，应擦干净机身、电线、机盘及毛刷或针盘。

（2）用干抹布把电源引入线擦干净并将电线绕回机挂钩，存放在干燥的地方。

（3）应每月清洗泡箱过滤网一次，定期或不定期对机身及配件进行保养。

（4）每次使用后要检查机器的使用情况，检查结果记录在“机器设备调拨单”上。

四、吹风机

吹风机也称吹干机（见图 3—6），主要用于地面清洗后的吹干。

图 3—6 吹风机

1. 操作要领

将吹风机放在需要吹干的区域，接通电源打开机器开关，将喷口高度调节杆调至一定的高度。再根据需要调节适当的风速，对地面进行吹干。使用完毕，关闭电源，将电线缠绕在机身上，清理进风口网，最后将机器放在指定位置。

2. 日常保养

吹风机的日常保养要点主要包括：

（1）定期取下进风口网，清洗鼓风轮、电动机和进风口网。

（2）吹风机应放在室内的干燥位置。

（3）不得在出风喷口处放置松散物品。

（4）对吹风机进行日常检查，出现故障及时检修。

五、抛光机

抛光机用于地面抛光（见图 3—7），由底座、抛盘、抛光织物、抛光罩及盖等基本元件组成。

图 3—7　抛光作业

1. 操作要点

抛光机的操作要点见表 3—4。

表 3—4　　抛光机的操作

序号	使用阶段	操作要点
1	使用前	（1）手握把手用力按动机体，使机体头部向上倾斜，然后在机器底部安装百洁垫 （2）把机体放平，使转盘连同百洁垫紧贴地面
2	使用中	（1）接通电源，抓紧操作杆开始在地面上进行抛光 （2）抛光速度不可太快，应保持在 10 cm/s 的速度 （3）行与行之间要重叠 1/3，以免漏抛
3	使用后	（1）卸下底盘针座与百洁垫清洗，清抹机器各零配件 （2）清洁机身、水箱，将电源线盘在操作杆上，将机器放在指定位置

2. 日常保养

抛光机的保养要点主要包括：

（1）使用前检查电源是否与机器匹配，防止超负荷使用。

（2）使用后要将机器及各种附件清洗干净。

（3）对活动部分的零配件要经常加机油，保持润滑。

（4）抛光机要存放在空气流通、干燥的地方。

六、洗地毯机

1. 机型种类

洗地毯机的种类有很多，常用的有干泡洗地毯机和喷汽抽吸式洗地毯机，如图 3—8 所示。

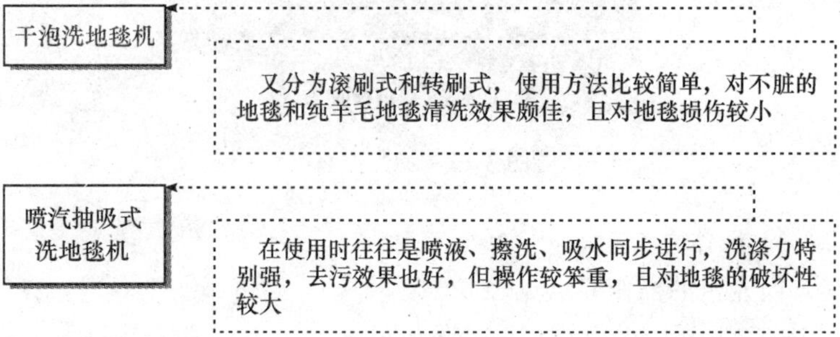

干泡洗地毯机

又分为滚刷式和转刷式，使用方法比较简单，对不脏的地毯和纯羊毛地毯清洗效果颇佳，且对地毯损伤较小

喷汽抽吸式洗地毯机

在使用时往往是喷液、擦洗、吸水同步进行，洗涤力特别强，去污效果也好，但操作较笨重，且对地毯的破坏性较大

图 3—8　洗地毯机类型

2. 操作要领

保洁员在使用洗地毯机时应掌握以下要领：

（1）手握把手用力按动机体，使机体头部向上倾斜，然后在机底部转盘正中安装地毯刷。

（2）把机体放平，使转盘连同地毯刷紧贴地面。

（3）拉动右手边的高度控制杆调节好手柄高度和角度。

（4）按 1 份地毯洗涤剂兑 5 份清水的比例，兑好地毯水溶液，装入水箱内。

（5）拉动左手边的水箱控制杆，将地毯水溶液喷洒在地毯上。

（6）按动右手边的机身电源开关，地毯刷开始移动。当手柄提升时，机身向右移动；当手柄向下时，机身向左移动。

（7）右行与左行连贯进行，上行与下行之间要重叠1/3。

3. 注意事项

保洁员在使用洗地毯机时应注意以下事项：

（1）作业时应使毛刷盘或磨盘的擦痕呈横向一字形，并一点一点地后退。

（2）移动作业时，要注意接线的放置，避免接线缠在脚上或室内设施上。

（3）作业中断离开机器或遇停电暂不能作业时，必须关闭开关并横向放倒机体。

★提示：

洗地毯机使用完毕必须认真清洁，要卸下地毯刷并用清水冲洗干净。日常保养时，对机身活动部分的零配件要经常加机油润滑。

七、高压清洗机

高压清洗机，也称高压水枪（见图3—9），主要用于外墙、广场、车场、塑料地毯等冲洗。它利用马达加压，使水枪喷出高压水流，冲洗物体表面，从而达到清洗的目的。

图3—9 高压清洗机

1. 操作步骤

高压清洗机的操作步骤如图 3—10 所示。

图 3—10　高压清洗机的操作步骤

2. 日常保养

高压清洗机的日常保养要点包括：

(1) 每次作业结束后，要擦拭电源线并检查其有无损伤，有损伤应及时更换。

(2) 要用抹布擦拭高压清洗机外壳上的污渍和水渍，保持机器干净。

(3) 检查管道进出水口、水管等是否完好，是否有杂物堵塞。

(4) 检查高压喷水口开关是否损坏，喷口是否堵塞或变形。

3. 注意事项

保洁员在使用高压清洗机作业时应注意以下事项：

（1）无水时，不得启动机器，否则会严重损坏机器零部件。

（2）高压清洗机应存放在阴凉、通风、干燥的区域，不得将杂物覆盖在机器上。

（3）不得将高压喷水枪对准人，不得用高压喷水枪喷射细小、精密物品，不得将高压喷水枪对准高压线、电源线、接线盘。

（4）注意液压齿轮润滑油的液面高低，并根据需要添加润滑油。

（5）高压清洗机的功率、即时电压、电流必须与电源相匹配。

★提示：

水管是高压清洗机的核心配件，使用后要用抹布擦拭干净，再将水管盘起保存，绝不能折叠。此外，出水管上不得压有重物，以防水管破裂。

八、榨水车

它是由保洁桶、榨水器和车架组成。榨水器用于压干拖布上的水分，它可架在桶沿上。拖地车有单桶式和双桶式（见图 3—11），车体由塑料制成，轻便而美观，使地面保洁工作更加轻松、文明和卫生，操作方法如图 3—12 所示。

单桶榨水车

双桶榨水车

图 3—11　榨水车

图 3—12　用榨水车挤出多余水分

模块二　保洁常用工具使用

保洁常用工具是指常用的、在任何环境下做清洁保养工作都需要的工具。

一、抹布

抹布是最常用的清洁保养工具。社区清洁保养工作中，需要两种抹布，即湿抹布和干抹布。对抹布的要求是全棉、质地蓬松柔软、吸水性强，尺寸一般为 35 cm×35 cm，颜色为淡蓝、淡绿或白色，要求湿抹布与干抹布有明显区别。

1. 种类

(1) 湿抹布。保洁员在使用湿抹布时要求达到润湿程度，即微湿润透又拧不出水。其主要作用是：

1) 擦去建筑物装饰材料表面的灰尘，不使灰尘在清洁保养中再度扬起。

2) 擦去建筑物装饰材料表面的水渍、水迹，利用湿抹布中的水将建筑物装饰表面具有张力的水吸走。

(2) 干抹布。保洁员在使用干抹布时要求干燥，一旦潮湿至有湿润感，应立即更换。其主要作用是抹去湿抹布擦拭后建筑物装饰材料表面遗留下的湿污垢、水渍，达到清洁保养的目的。

2. 使用要领

(1) 在使用抹布前应先对折，再对折。折后使用面积仅为布面的 1/16。先用第一个 1/16 面积拭擦，在其被灰尘污染后，即打开折叠的抹布，再用其里面的 1/16 面积，直到工作面积全部使用完（其中一个工作面与手掌接触）。在手掌的一面应是干净的，主要原因是：

1) 抹去的灰尘、尘渍等都留存在抹布中，这些污垢中可能会有腐蚀性物质，故不能与手直接接触。

2) 保持手的干净，避免被抹布中的污垢污染，防止因手的污染再次污染其他的建筑物装饰材料表面。

3) 多次对折后的抹布增加了厚度，也就是增加了与手掌的接触面，能够使手腕发出的力很好地分配到擦拭中的抹布上，擦拭的力量增强，因此清除污垢的能力也得到了增强。而多次对折，减少了洗抹布的次数，提高了工作效率。

（2）被污染后的抹布应立即更换。湿、干抹布应分别放入员工的两个衣袋里，或者分别拿在两只手里，切记不能干、湿不分，使得建筑物装饰材料表面越擦越脏。被污染的抹布应及时清洗，用洗涤剂除垢后漂洗干净，晾干待用。每位保洁员应配备3～4套（干、湿各1条为1套）抹布。

二、百洁布

百洁布又称菜瓜布、瓜筋布，是由民间传统的清洁工具丝瓜筋演变而来的一种塑料纤维清洁保养工具。

1. 清洁保养的主要对象

百洁布清洁保养的主要对象是卫生陶瓷、玻璃和其他建筑物装饰材料的硬表面，如图3—13所示。

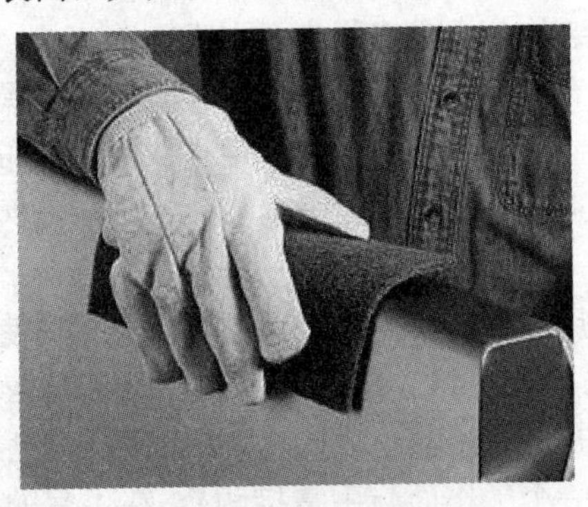

图3—13　用百洁布清洁

应该注意的是，百洁布纤维的硬度一定要比被清洗的建筑物装饰材料表面的硬度低，否则会损坏建筑物装饰材料表面。

2. 使用方法

（1）清除大面积的污垢，可用手掌将整块百洁布压住，来回推拉擦拭。

（2）清除顽固的污垢，可用手指顶住百洁布的局部擦拭，以增加百洁布的擦拭力。

（3）对于小块凹坑内的污垢和角落位置的污垢，则可将百洁布折叠，形成一个锥形，以其锥尖部分深入污垢处擦拭。

（4）使用百洁布擦拭时，应一面擦拭，一面将布浸入清洁保养剂溶液中吸入清洁剂。

（5）使用百洁布不应用力太大，以免使百洁布弹性纤维失去弹性，也容易损坏被清洁保养的建筑物装饰材料表面。

（6）百洁布使用完毕，应漂洗干净，不拧干，自然滴水晾干为好，这种方法可保持百洁布纤维的弹性和百洁布密集的空隙。

三、钢丝球

钢丝球作为清洁保养工具是近几年才出现的，其主要作用在于清洁建筑物装饰材料硬表面较厚、较难清除的污垢。钢丝球是由不锈钢削成极薄的丝带制成的（见图 3—14），有一定的硬度，带有弹簧的卷曲状，有空隙，有弹性，呈团状。

图 3—14　钢丝球

1. 适用对象

钢丝球主要用于清除建筑物装饰材料表面的水泥浆渍、死角中残留的污垢和陈旧的厚污垢等。

2. 使用注意事项

（1）将钢丝球浸入清洁保养剂溶液中，使其空隙中含有大量的清洁保养剂，擦拭建筑物装饰材料的硬表面。

（2）将清洁保养剂洒在被清洁保养的建筑物装饰材料的硬表面上，用钢丝球直接擦拭。

（3）擦拭时不可用力太大，以免损伤被清洁保养的建筑物装饰材料的硬表面，同时也可避免钢丝球失去弹性，影响使用寿命。

（4）使用钢丝球时，应戴上橡皮手套，以免损伤操作人员的手。

（5）使用后，及时清洗，晾干待用。

四、板刷

1. 种类

板刷的制作材料很多，以前以猪鬃为刷毛、以模板为托柄和手把的为多，现在还有以棕丝、尼龙丝和塑料板作为原料制成的刷子，其耐腐蚀、耐摩擦，清洁保养效果更好。

板刷的式样也有很多，有长柄的、短柄的、长方形的、鸡蛋形的。刷毛有一定的硬度和韧性，可清除建筑物装饰材料硬表面和软表面的污垢。

2. 使用注意事项

（1）刷子头浸的清洁保养剂溶液不能太多，以免清洁保养剂溶液滴落。

（2）将清洁保养剂溶液喷在建筑物装饰材料表面后，应及时刷擦，以免清洁保养剂流失。

（3）刷擦时，刷毛应与建筑物装饰材料表面垂直，板刷托柄的前端不得与被清洁的建筑物装饰材料表面形成锐角（见图 3—15），以免硬质托柄触碰并损伤建筑物装饰材料表面，尤其是木制托柄，因长期浸泡而产生霉变黑色，会污染建筑物装饰材料表面。

（4）刷擦时，用力要适当，不得损坏建筑物装饰材料表面。

（5）板刷使用后应及时清洗，晾干待用。

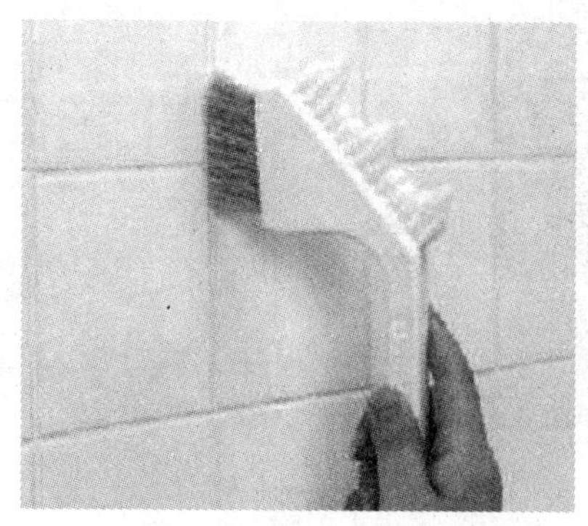

图 3—15 板刷的使用

五、扫帚

扫帚是最常用的卫生清洁工具。扫帚可由多种材料制成，有高粱穗扎制的、棕皮扎制的、塑料合成丝压制的。塑料合成丝压制的有双排丝和单排丝之分。

1. 常用种类

清洁保养中常用的扫帚（见图 3—16）有以下几种（见表 3—5）：

表 3—5 常用扫帚种类

序号	种类	使用说明
1	塑料扫帚	（1）常用于清扫室内细小垃圾和楼梯 （2）使用时与畚斗、簸箕结合使用，清扫的垃圾随时扫入簸箕内
2	竹扫帚	（1）主要用于庭院、马路等大面积区域的清扫 （2）清扫时动作幅度不能太大，以免扬起大范围的灰尘
3	毛质扫帚	（1）主要采用动物的毛发制作，常见的为猪毛扫帚 （2）用于室内的清扫，但一般不能沾水，且扫完后要进行简单的清理，以免藏污纳垢影响清扫效果

图 3—16　保洁用扫帚

2. 操作要求

扫帚在清洁保养时的操作要求如下（见表 3—6）：

表 3—6　　扫帚操作要求

序号	清扫区域	操作要求
1	楼梯	（1）应从楼梯扶手处向墙壁处扫 （2）上一梯级的垃圾、杂物应从墙壁处扫向下一梯级，以防止垃圾、杂物从上下层楼梯缝隙间下落 （3）每扫一个楼梯平台，应将垃圾扫入簸箕内 （4）清扫时应注意清除墙面与楼梯结合处易存留的垃圾
2	大堂、通道等场所	（1）应从四边向中间清扫 （2）每扫一边，应将扫出的垃圾、灰尘等污垢及时扫入簸箕内，以免造成二次污染 （3）要注意墙脚与地面的夹角处和摆放物的底部，摆放物可移动的，应移动后再清扫
3	地面的各种凹凸槽、电梯门凹槽	（1）应用扫帚横峰从两死角处扫向中间 （2）用扫帚横峰清扫时，扫帚横峰不能抬得太高，以免垃圾、灰尘扬起，尤其是将垃圾、灰尘从中间扫出时 （3）将垃圾、灰尘扫出时，可用簸箕对准凹凸槽直接扫出，但扫帚不可扬得太高 （4）清扫时，要稳、沉、重、慢，不能将灰尘扬起，更不能使垃圾飞撒，要使扫出的垃圾、灰尘、杂物始终居于一堆，便于用簸箕撮出 （5）清扫完毕，扫帚应放在簸箕中拿走，不得将扫帚悬空提走或在地面上拖行，以免扫帚上留存的垃圾、灰尘再次污染环境

六、簸箕

在社区清洁保养中，簸箕是一种盛垃圾的工具，与扫帚配合使用，如图 3—17 所示。建筑物清洁保养所用的簸箕都安装了长柄，在扫入垃圾时，无须弯腰，可直立操作，因而省时、省力。

图 3—17　簸箕的使用

1. 种类

簸箕已从原来的柳条编制演变到铁皮簸箕和塑料簸箕。铁皮簸箕强度好，木长柄与簸箕是由铁钉或木螺钉连接，牢度好，但其缺点是造型较差，易生锈。塑料簸箕造型漂亮，色泽鲜艳，不生锈，但塑料长柄与塑料簸箕之间由螺纹连接，强度不够，易脱落。

2. 操作要求

在社区清洁保养工作中大都选用塑料簸箕，其操作要求是：

（1）清扫完毕后，应及时将簸箕中盛装的垃圾倒掉。

（2）盛装垃圾的簸箕移动时，簸箕的敞口处不得低垂，以防止簸箕中的垃圾下落于地面，造成二次污染。

（3）簸箕中盛有轻质垃圾（如纸片、泡沫塑料等）和灰尘时，要用扫帚抵住垃圾，避免垃圾和灰尘再扬起、洒落，污染地面。

（4）簸箕使用后应及时清洗，晾干待用。

七、拖布

拖布又称拖把、墩布，是常用的擦地板的工具，如图 3—18 所示。

圆头拖布　　T 形拖布

图 3—18　拖布

1. 简要介绍

对拖布而言，清洁保养的效果主要取决于拖布头所采用的材料。拖布头材料应达到以下要求：

(1) 吸水性好。

(2) 柔软，纤维长。

(3) 不结团，松散性好。

(4) 去污力强。

(5) 耐腐蚀，耐摩擦。

清洁保养工作中，以棉纱条制作的拖布头效果最好。拖布头的大小，根据需要，按质量而定，有 500 g、1 000 g、1 500 g 之分。木柄拖布价格低，好用但不美观，可用于大厦（小区）大堂或通道等公用部位的清洁保养。使用时，拖布又有干拖布、湿拖布之分，其作用分别是：湿拖布用于在扫帚清扫之后的地板上再一次除去浮尘和污渍，而干拖布则将地板上湿拖布留下的水渍拖干，以利于下一清洁保养环节的进行。

2. 操作要点

拖布清扫时的操作要点见表 3—7。

表 3—7　拖布的操作要点

序号	项目	操作要点
1	准备工作	(1) 湿拖布清扫前应拧干，不滴水 (2) 干拖布使用前应不沾带灰尘、脏物
2	清扫楼梯	(1) 应从楼梯扶手处向墙壁处施拖 (2) 从上面楼梯向下面楼梯施拖 (3) 拖布头不得伸到扶手外，以免将拖布头上的污水和垃圾抛向楼梯行人或使污水和垃圾从上下层楼梯间的缝隙下落 (4) 每拖到一个楼梯平台（约七级楼梯），拖布头应清洗一次，特别脏的地板应增加拖布头的清洗和清洗水的更换次数
3	清扫大堂、通道等公共部位	(1) 应从四边向中间施拖 (2) 不得遗漏四边死角和摆放物下的空间，可移动的摆放物应移动后施拖 (3) 每施拖 3～5 m，应清洗拖布头，每施拖 15 m，应更换清洗水，特别脏的地板应增加拖布头的清洗和清洗水的更换次数 (4) 拖布施拖时，拖布头不得提得太高，甩的幅度不能太大。拖地板时，应用力擦去地板上的污渍、污垢 (5) 清扫完毕，拖布（干、湿）应放入水桶拎走，不得将脏拖布悬空拎走，以免脏拖布的污水、垃圾再次污染地面 (6) 清扫完毕，及时清洗拖布头、擦拭拖布柄，受油污等脏物污染的拖布应先用热水浸泡，用清洁剂清洗后，再漂洗干净，晾干后待用

八、水桶

水桶在社区清洁保养中十分重要，它既是盛放清洁保养剂的器具，也是存放其他清洁保养工具，如抹布、百洁布、板刷、钢丝球、喷壶、拖布、告示牌、鸡毛掸等的工具箱，还是和拖布配合使用的工具。

1. 选用

水桶有金属的，有塑料的，目前社区清洁保养中均选用塑料水桶，有条件的还可以选用装有轮子和扭绞设备的水桶、可分离的桶车，以减轻操作人员的劳动强度。

2. 使用注意事项

（1）桶内干净，无污物，无污垢。

（2）桶外壁及底部应干净，无污垢，不得污染地面。

（3）桶壁不能有破损。

（4）加入的溶液应占水桶容积的 80％左右。

（5）水桶使用后立即清洗干净，待用。

九、鸡毛掸

鸡毛掸是清除高处或立面灰尘的工具（见图 3—19），确切地说，是转移灰尘的工具，即建筑物天花板、墙面及较难触及之处的灰尘、污垢用鸡毛掸掸下来，用其他清洁保养工具再进行彻底清除。鸡毛掸因用鸡毛扎制在细竹竿上故得名。鸡毛掸有长柄与短柄之分。长柄可长达 2 m，短柄约 60 cm 长。

图 3—19　鸡毛掸

1. 材质要求

（1）鸡毛掸的扎制要结实，不得有掉毛现象。

（2）鸡毛掸选用的羽毛要柔软、蓬松，不得用鸡翅膀的硬毛。

（3）选用的竹竿要强度高、有弹性。

2. 操作要求

（1）掸灰尘时，应尽量贴着被清扫的表面，不使灰尘扬起。

（2）应及时抖落沾在鸡毛掸上的灰尘，沾有灰尘的鸡毛掸不可用水清洗。

（3）发现鸡毛掸的羽毛脱落仅剩羽毛梗时，应将其拔除，以免划伤建筑物装饰材料表面。

（4）鸡毛掸顶部的羽毛脱落过多，露出细竹竿时，此时鸡毛掸不可再用。

（5）发现被污染的羽毛应及时拔除。

（6）鸡毛掸多用于清洁空气中浮尘等污物。

十、刮刀

1. 部件组成

刮刀又称刀排，由刀排架和刀片组成。刀排架由两片厚 3 mm 的塑料片、铝合金片或不锈钢片组成，由 4 颗螺钉固定。刀片可采用市场上购置的美工刀片，插入两片刀排架的缝隙里。刮刀能起到直接铲除建筑物装饰材料硬表面上污垢的作用。

2. 使用要领

（1）刀排架的螺钉一定要拧紧，注意塑料刀架塑料片有无裂纹，有裂纹则不能使用。

（2）刀片在使用前，应检查刃口处有无锈迹，有锈迹则不可使用。

（3）刀片应锋利，钝口刀片会刮坏建筑物装饰材料的硬表面。

（4）铲除污垢时，刀片与被清洁硬表面的夹角应小于 30°，夹角越大，损坏硬表面的可能性越大。

（5）使用过程中，常用反复轻力刮除污物，以防对建材的损伤。

（6）工作结束，清洗刀片、刀排架，待用。

十一、告示牌

在进行社区清洁保养时，可能会影响其他人的正常工作或生活，有时还会发生意想不到的伤害，因此，要对可能受到影响的人们给予告知，提醒其注意并请求得到支持、帮助和谅解。

1. 种类

告示牌有“人字形”“悬挂式”“阻拦式”3 种，如图 3—20 所示。

图 3—20 “人字形”告示牌

“人字形”告示牌由黄色塑料制成，用时支撑于地面，配有黑色和红色字样，上面的提示性文字为“工作进行中”“路滑请当心”“不准进入”“暂停使用”等。

“悬挂式”告示牌由白色塑料或铝合金制成，悬挂在门的把手上，配以红色或黑色字样，上面的提示性文字为“正在清洁，请稍候”或“暂停使用”等。

“阻拦式”是在两个立柱之间拉上专用绳索或链条，并在绳索、链条上悬挂白色、红色三角旗或警示语，也有活动式的铁栅栏。

2. 使用要求

在社区清洁保养工作中，凡是在影响他人正常生活、工作和会产生意外伤害的环境中，必须按规定要求摆放、悬挂告示牌。

告示牌的颜色要醒目，文字要清晰可见，摆放、悬挂位置要适当。使用完毕，立即收回，擦拭干净待用。

十二、尘推

尘推是地板打蜡后日常清洁保养的工具。因它能将打蜡地板上的灰尘和污垢推走，故称为尘推。

1. 部件组成

尘推大体由尘推架和尘推套两部分组成。尘推架由尘推套架和铝合金手柄组成。尘推套由帆布做成，上面开口，可放入尘推架，下面的绒面与地板接触，以清扫地面。尘推的尺寸有“60 cm×25 cm”“110 cm×30 cm”等多种，小尺寸尘推主要用于比较狭小的空间，大尺寸的尘推用于宽敞的大堂、通道。一个尘推架应配 3～4 个尘推套，以便清洗。

2. 操作要领

（1）使用尘推清扫地面时，应分清前后面，无论尘推处于任何一个平面位置，应始终将灰尘和垃圾置于尘推的前面。

（2）使用尘推清扫地面时，应将尘推布全部着地，若悬空于地面会将灰尘、垃圾遗漏。

（3）使用尘推清扫地面前，需喷洒静电吸尘剂，待 12～24 h 后再用尘推清扫地面，效果较佳。

（4）清扫地面所沾染的灰尘、垃圾，应及时抖落在地板上，再用扫帚扫入簸箕内。

（5）工作完毕，尘推应垂立于空水桶内拿走，不得在地面上再次推行，以免造成二次污染。

（6）尘推套应清洁，发现变色，立即清洗。

（7）在使用过程中不要在中途将推尘布提离地面，以免形成漏推污痕。

3. 保养

(1) 尘推杆、尘推架

1) 每天使用完之后应该用半湿的毛巾抹干净，因为经过一天的使用，尘推头的面已经积满了很厚的灰尘。

2) 不能用水冲洗，否则易导致生锈。

(2) 尘推套

1) 使用完，必须到指定的地方清洗。

2) 为节省时间，如果干净尘推套的数量较多，应累积 2～3 个之后再去进行清洗，或是到下班时再去清洗。

3) 在清洗过程中放少量洗衣粉，用双手揉擦，然后用力将水拧干，整齐地晾在工具房或指定位置。

4) 尘推套在第二天使用时必须保持干爽。

十三、抹水器

抹水器是将清洁保养溶液抹到建筑物装饰材料硬表面和玻璃上的专用工具。

1. 部件组成

抹水器由抹水器架和抹水器套组成，如图 3—21 所示。抹水器架是由长 40 cm、直径 1.5 cm 的塑料管或不锈钢管和带有锥度的手柄组成，呈 T 字形。抹水器套是用帆布缝制而成的圆筒，长 45 cm，直径约 6 cm。圆筒外周一半是绒面的，用于吸水、抹水，另一半是百洁布，用于清洁。抹水器套一半开口，可放入抹水器架内。

图 3—21　抹水器

2. 操作过程和要求

(1) 抹水器在使用前必须干净、无污染。

(2) 使用前先将抹水器放入玻璃清洁剂或其他清洁保养溶液

中浸泡。抹水器离开容器前应将其压干到不滴水再离开，以免二次污染。

（3）用抹水器将玻璃清洁剂或其他清洁保养溶液抹在玻璃或建筑物装饰材料的硬表面上。注意四边和角落，不得漏抹。

（4）可以抹掉的污垢，可用抹水器来清除。

（5）在使用抹水器时，清洁剂或抹下的污水均不应使其飞溅，以免造成二次污染。

（6）使用完毕，应及时清洗抹水器套，晾干待用，并妥善收放抹水器架备用。

十四、刮水器

刮水器又称玻璃刮，是社区清洁玻璃和建筑物装饰材料硬表面不可缺少的工具。刮水器由刮水器架和橡胶皮条组成，它利用弹簧卡将橡胶皮条固定在不锈钢刮水器架的刮擦平面上。刮水器有单面和双面两种，如图 3—22、图 3—23 所示。

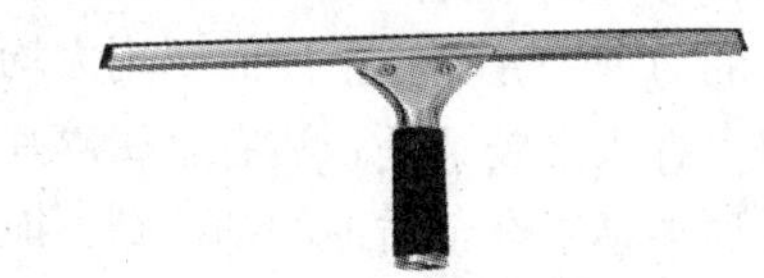

适用于玻璃面的刮水器

适用于瓷砖面的刮水器

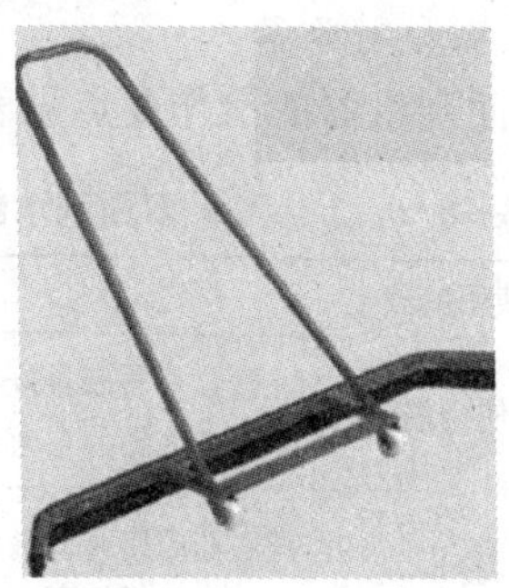

适用于大型地面的刮水器

图 3—22　单面刮水器

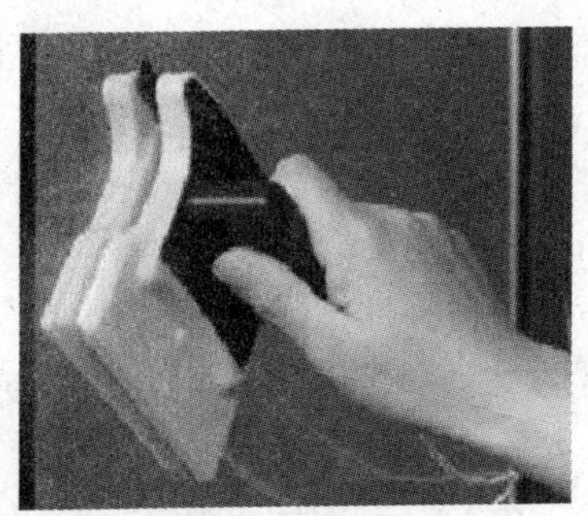

图 3—23　双面刮水器

1. 单面刮水器

在使用单面刮水器时应注意以下事项：

（1）使用前，用手竖着拿到作业场所，不能拖在地面上，以免损坏水刮胶条。

（2）使用刮水器时要双手握杆，在玻璃面由上至下来回清洁。但不能使用太大的力度，尤其在下压时要用力均匀。

（3）用完后，要检查水刮胶条是否沾有金属碎片等，再用清水将水刮清洗干净。如果是铝合金质地的刮杆则不能沾水，以免生锈。

2. 双面刮水器

双面刮水器的操作要点见表 3—8。

表 3—8　　双面刮水器的操作要点

序号	使用阶段	操作要点
1	使用前	将整套工具准备好，并检查刮刀胶条上及棉球里是否含有碎片及沙子之类的东西，避免将玻璃刮花
2	使用中	（1）拿稳作业工具，用绳子系好，操作时要站在安全之处 （2）如果暂停作业，要将工具放到不阻碍行人的地方或指定的位置，不能随处乱放
3	使用后	将工具整理好并清洗干净，整齐晾在工具房

3. 注意事项

（1）刮水器的刮擦平面应平整，橡胶皮条无凹口或裂缝。

（2）刮水器刮下的脏水、污垢应用抹布擦去，不得滴漏和飞溅。

（3）刮水器在刮擦玻璃和其他硬表面时，可采用一刀连续刮擦或一刀一刀刮擦的方式，如图 3—24 所示。

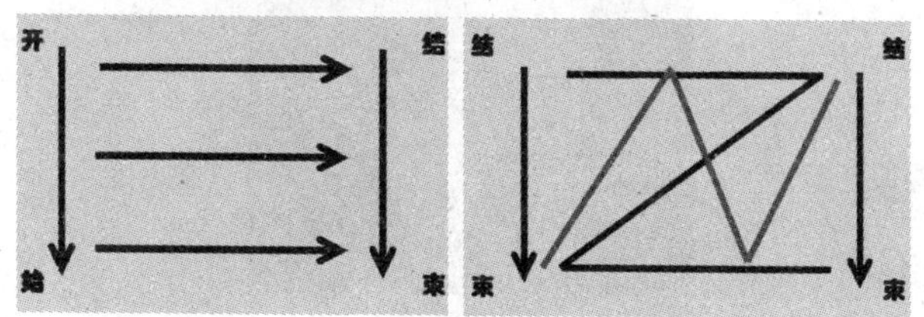

图 3—24　两种刮擦方式

（4）刮水器在刮擦时，应一刀重叠一刀刮擦，不得在玻璃等硬表面上留下印迹，尽量避免在玻璃面中央停刀造成接缝印痕。

（5）如果橡胶皮条发现凹凸、裂缝，应立即更换。

（6）刮水器的刮擦平面不能受到外力的冲击，应妥善保管，冲击后产生变形则不可再用。

（7）刮水器使用完毕，应及时打开弹簧扣，清洗刮水器架和橡胶皮条，晾干备用。

十五、接杆（伸缩杆）

1. 部件组成

接杆又称伸缩杆，由不锈钢管或铝合金管制成，有两节、三节之分。接杆可伸缩，最长达 4.5 m，伸长或缩短后由螺旋锁紧器锁紧。接杆头部有一橡胶或塑料制成的锥体，与抹水器、刮水器、老虎卡的手柄锥孔配合，使这些工具在使用时不脱落。

2. 适用范围

接杆主要用于高位玻璃、瓷砖等的清洁，如图 3—25 所示。

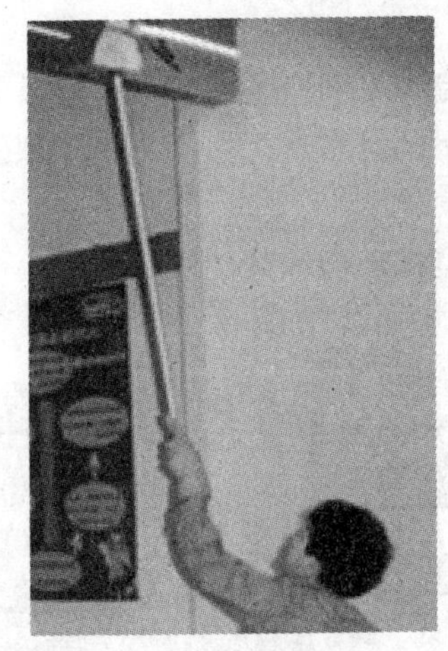

图 3—25　运用接杆清扫高处灰尘

3. 使用要领

接杆的使用要领如图 3—26 所示。

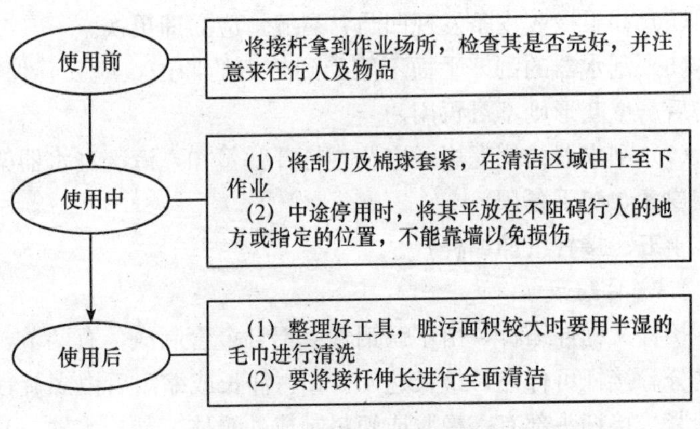

图 3—26　接杆的使用要领

4. 注意事项

(1) 锥体与锥孔的配合一定要紧密，发现松动，不得使用，以免工具坠落伤人。

（2）要检查螺旋锁紧器是否安全可靠，锁紧后上下接杆不得松动，若松动则不得使用。

（3）伸长或收缩接杆要缓慢，尤其是伸长至极点时，不要猛烈拉动上下管，以免损坏锁紧器。

（4）旋转锁紧器时不要过分用力，以免将锁紧器旋转过头造成损坏。

（5）伸长或收缩接杆并旋紧锁紧器后，不可用力拉或推上下两管，以免锁紧器内固定簧套损伤、磨损，影响锁紧效果。

（6）接杆壁不得出现凹陷现象或不圆，接杆不得弯曲。

（7）接杆使用完毕，擦拭干净，收缩复原，锁紧锁紧器，妥善保管，待用。

十六、水管

水管用于清洗地面，如图 3—27 所示。保洁员在使用水管前，必须先将地面清扫干净，清除明显的垃圾、污物。使用水管冲洗地面时，要注意避开来往行人和锋利尖锐的物品。每次用完后应做好以下工作：

图 3—27　水管清洗地面

（1）每次冲完水之后都应清洗一次。清洗的方法：左手将水管往自己的身后拉，右手拿着毛巾包住水管，毛巾不要移动。

（2）使用完毕收集水管时，应有顺序地盘好，收集成圆形。在盘水管时，如发现有折叠应立刻理顺，否则容易造成水管折断、破裂。

注意：在盘水管时，存留在水管的积水应清理干净，否则长期下来易造成水管内部生锈，长出绿色的青苔。

十七、梯子

在进行高处清洁时要使用到梯子，工作中主要使用的是铝合金架梯（见图 3—28）。

图 3—28　铝合金架梯

1. 使用方式

梯子的具体使用如图 3—29 所示。

2. 注意事项

（1）搬动人字梯时，用单肩掌托起与肩同高，手背贴肩，保持梯子与身体平行，另一只手扶住梯子以防摆动，不允许横向搬梯或放在地上拖行。

（2）使用时把梯子完全打开，将两梯中间的连接横条放平，保证梯子四脚完全接触地面。

（3）使用梯子时，最好有其他人帮助扶稳。

（4）作业时尽量不要站到梯子最顶端，以免出现意外。

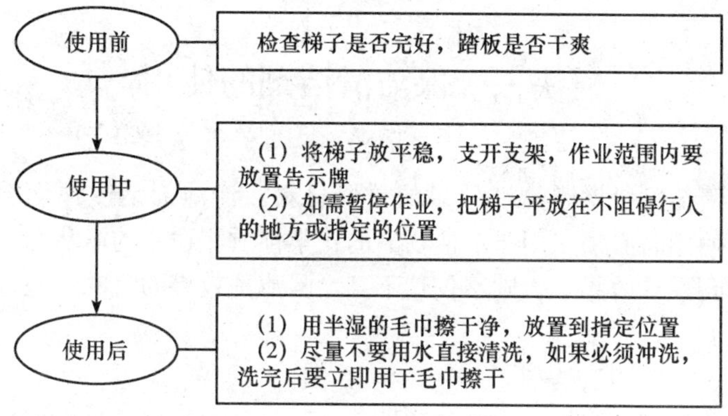

图 3—29　梯子的使用

十八、保洁捡拾器

保洁捡拾器可与垃圾桶配套使用，是保洁员的好帮手（见图3—30），它就像给人加长了手臂，可解决工作中、生活中的许多问题。比如，拉窗帘、高处取物、狭缝取物、小孔取物、地面物品捡拾，小到牙签都可以夹起来。

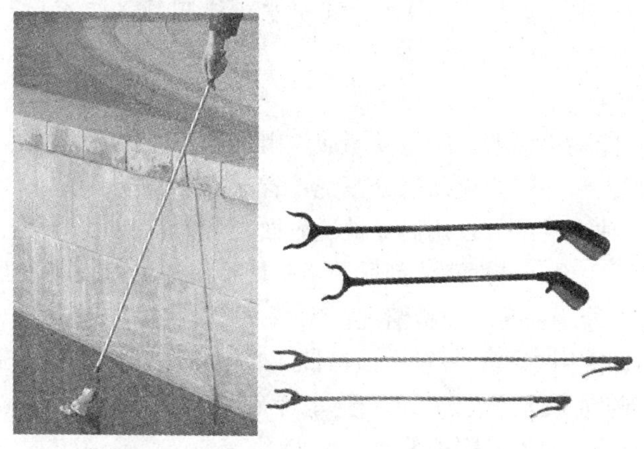

图 3—30　保洁捡拾器

模块三　保洁清洁剂的使用

清洁剂是增强清洗效果的重要材料。清洁剂是一种化学产品，使用时必须采用与清洁物品的化学性质相适应的清洁剂，才能达到最佳效果，否则不仅达不到增强清洗效果的目的，还可能适得其反。

一、常用清洁剂

清洁剂有碱性、中性和酸性 3 种。每种清洁剂都是根据特定用途，选择相应的材料配制的。性质不同的清洁剂，不能混用，不能乱用。特别是加入碱、酸、有机溶剂等助剂和添加剂的清洁剂，对建筑材质有很大影响，必须充分注意。

1. 碱性清洁剂

碱性清洁剂由表面活性剂、温和碱及硬质表面保护剂复合制成，无腐蚀性，去污力强，是清洁保洁作业必备药剂。碱性清洁剂有化油剂、地毯水、绿水、起蜡水、洁厕液、洗衣粉、去污粉、玻璃清洁剂等。

(1) 性能

1) 能除去油渍、胶渍及墙酸、雨痕等各种污渍。

2) 去污力强，无须过分擦洗，省时省力。

3) 独有的配方，用后令被洗表面光洁如新。

(2) 用途。碱性清洁剂适用于一切不易清洗的硬质表面，特别适用于外墙瓷砖、地板清洗。

(3) 使用方法。一般污渍按照 1∶40～1∶60 兑水清洗，顽固污渍与油胶清洗按 1∶5 兑水涂在被清洗表面，反应 2～3 min，机械或人工刷洗即可。

(4) 注意事项

1) 避免接触眼睛，若不慎接触，立即用大量清水冲洗。

2）切勿入口，使用时最好戴上橡胶手套等防护用品。

2. 酸性清洁剂

酸性清洁剂由多种温和表面活性剂、腐蚀剂复合制成，对清洗陶瓷的各种污垢有特效，能迅速除去钙、镁、铁成分的各种污垢，广泛应用于清洗地面上的水泥等污渍。酸性清洁剂有防尘剂、化泡剂、洗石水、漂白水、盐酸、水泥柔化剂、草酸、氢氟酸、洁厕剂等。

（1）性能

1）能迅速清除浴室瓷砖上的钙皂、人体污垢和水锈等。

2）能有效清除抽水马桶、尿槽、坐厕的尿垢、水垢等。

3）能有效清除分解地板表面的水泥浆等污垢。

（2）用途。酸性清洁剂广泛用于浴室、尿槽、马桶、水槽的各种污垢及地面的水泥附着污渍等。

（3）使用方法。按照 1∶10～1∶30 的比例兑水，涂在被洗物表面，使之反应 5 min 左右再刷洗，然后用清水漂净被洗物，若遇特别严重的污渍，可调整兑水比例或原液使用。

（4）注意事项

1）该类产品呈酸性，切忌与金属接触，以免腐蚀。

2）避免与皮肤、眼睛接触，若接触，立即用大量清水清洗，切忌入口，使用时最好戴上手套等防护用品。

3. 中性消毒清洁剂

中性消毒清洁剂由特种表面活性剂及辅助剂复合制成，渗透力强，去污快捷，气味清新宜人。中性清洁剂有洗洁精、不锈钢清洁剂、碧丽珠、洁尔亮、铜亮剂、面蜡、底蜡、香蕉水等。

（1）性能。泡沫少，中性配方，无须过水，去污力强，不伤及表面，有一定消毒作用。

（2）用途。中性消毒清洁剂可以使消毒、清洁、除臭一次性完成，适用于医院、学校、办公楼、食品生产厂区、商场、酒店，也可家用，用于地面、墙面、镜面、陶瓷、硬塑料等硬质表面。

(3) 使用方法。将物体表面的脏物除去，用1∶30～1∶60兑水后的药剂涂在物质表面，可进行机械或人工擦洗，等待10 min左右，冲洗并风干，如果地面不上蜡，则无须冲洗，使用频率为一个星期使用一次。

二、清洁剂使用注意事项

1. 施工作业后必须擦洗干净

清洁剂多加有酸碱有机溶剂，作业后，必须立即采用水擦、干擦等方法，尽可能将清洁剂成分除去。如果被清洗面上留有清洁剂成分，不仅容易黏附污垢，有碍建筑物的清洗保洁，而且可能造成被清洗的表面变色或损坏建筑材质。

2. 必须注意劳动保护

清洁剂含有多种化学成分，具有渗透性，特别是碱性、酸性强的清洁剂，渗透性强，不宜和皮肤经常接触。如赤手使用，时间长了，手将变得粗糙，严重时还可能引起皮炎。因此，作业时应戴上防护手套，万一沾在皮肤上或溅入眼睛内，应立即用大量清水冲洗干净。

3. 严禁使用有毒有害清洁剂

一些含有剧毒的清洁剂，虽然在短期内具有较好的去污除锈作用，但它严重污染了环境，对人体、墙面、被溅到的物体均产生极大的腐蚀和损害，因此，一定要严禁使用，如氢氟酸等。

模块四　灭杀用药剂

在灭杀各种有害生物时，药剂灭杀是最有效的方法，在社区区域内常用的灭杀用药剂有悬浮剂、水乳剂。

一、悬浮剂

悬浮剂又称浓悬浊剂、流动剂、水悬剂、胶悬剂，是难溶于水的固体农药与助剂经过研磨、分散在水介质中的悬浊液。

1. 功效

悬浮剂是一种高击倒性的滞留喷洒杀虫剂。药效主要是通过触杀和滞留作用实现。这表明悬浮剂主要有两种杀虫途径：一是通过直接喷洒而产生触杀效果；二是当害虫侵入或进入而接触到喷洒过的表面，通过它的滞留作用杀虫。它的主要特点是既能迅速击倒害虫，又能保持相当长时间的有效保护，这在迅速控制大量害虫侵害时是非常重要的。

悬浮剂保留在喷洒过的物体表面上，保持着杀虫活性并能控制和防止害虫的再侵袭。它的效果持续时间长短取决于剂量、害虫发生的数量、被喷洒物的表面类型等因素，以及一些环境因素，如温度、光照强度等。

2. 配比流程

要按照所选用药品说明比例进行配比，具体的流程如图 3—31 所示。

3. 注意事项

(1) 做好安全防护，避免接触眼和皮肤，避免吸入悬浮剂喷洒时形成的薄雾。

(2) 在用喷雾器喷洒时，应穿好棉制防护衣裤并扣住颈部和手腕处，戴上耐洗的帽子和长及肘部的 PVC 手套，使用后须洗手。

(3) 每次使用后，要清洗手套和受污染的衣服。

★提示：

喷药时，未穿着合适工作服的工作人员及非工作人员应离开现场，室内喷药后需开窗通风。

二、水乳剂

水乳剂是将液体或与溶剂混合制得的液体农药原药，以

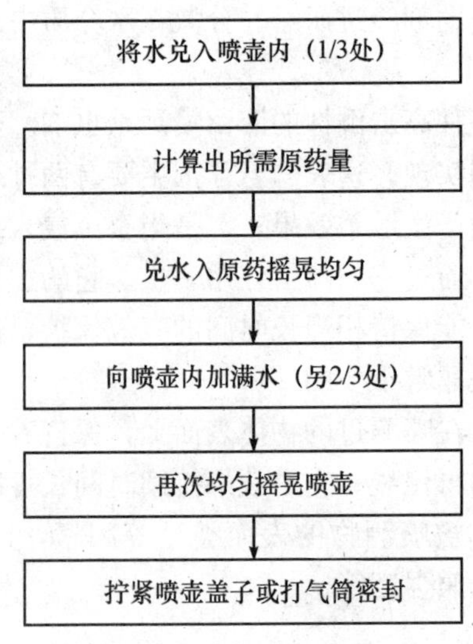

图 3—31　悬浮剂的配比

0.5～1.5 μm 的小液滴分散于水中的制剂，外观为乳白色牛奶状液体。它具有杀虫广泛、击倒性强、无异味、不腐蚀物件的优点。它使用方便，药效长达 5 天，不含有机溶剂（二甲苯），对人和家畜皮肤、眼睛无刺激；稳定性好，存放 3 年不分层，对环境更安全。

1. 配比比例

水乳剂呈雾状细微颗粒，100 倍左右稀释喷洒。蚊蝇为 22.5 mL/m^2，蟑螂为 50 mL/m^2。

2. 配比流程

要按照所选用药品说明比例进行配比，具体的流程如图 3—32 所示。

3. 使用方法

可空间喷洒使其悬浮于空中，3～5 min 即可彻底处理干净。用于傍晚或夜间害虫活动频繁时段，初次处理害虫猖獗的地方需使用高浓度，以后处理可使用低浓度。当虫害再发生时，需进行

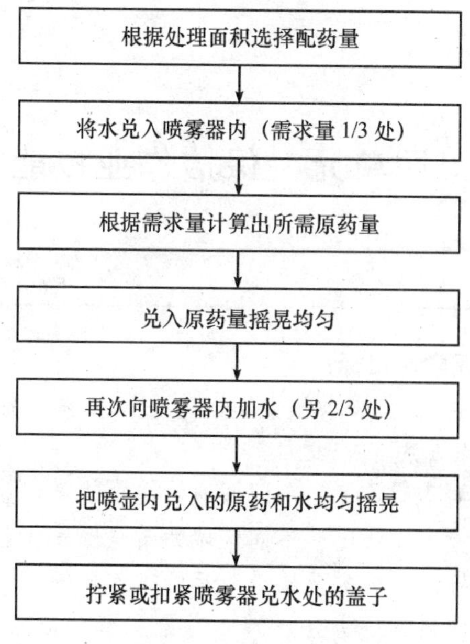

图 3—32　水乳剂的配比

再处理，一般 15 天以后再进行下一次处理，总之要根据害虫密度调整处理时间。

★提示：

水乳剂主要用于室内飞虫密度过高区域的空间喷洒。在兑水使用后，药效会减弱；在药品喷洒处应尽量避免用水冲洗，以保药效持久。

第四单元　保洁作业技能

本单元学习目标：

1. 掌握保洁基本作业——清扫、擦拭、拖布拖擦、尘推的操作方法。

2. 掌握不同状况、不同区域的灰尘清除作业要领。

3. 掌握不同状况、不同区域的清洁保养作业要领。

4. 掌握清运分类及垃圾清运的工作要领。

5. 掌握消毒的方法、消毒药剂稀释的要求及一些区域的消毒操作要领。

模块一　保洁基本作业操作方法

一、清扫

清扫是指用扫帚将凌乱的垃圾和灰尘清除干净并集中运走，适合于垃圾多而杂的区域，或用于清除一些地面上的垃圾等，是最基本的作业之一。

1. *作业方法*

（1）最主要的作业方法是从上往下扫。

（2）向前方清扫，不踩踏垃圾。

（3）从狭窄处向宽广处清扫，从边角向中央清扫。

(4) 室内清扫时，原则上由里面开始向门口清扫。

(5) 将桌下的垃圾向宽广的地方清扫。

(6) 清扫楼梯时，站在下一阶，从左右两端往中央集中，然后再往下扫，要注意防止垃圾、灰尘从楼梯旁掉下去。

(7) 随时集中垃圾、灰尘，将其扫入垃圾铲，不要总是推着垃圾灰尘堆往前走。

2. 注意事项

(1) 扫地动作要平滑，幅度尽可能大一些。

(2) 扫地方向要平直，以免有疏漏。

(3) 墙根垃圾要扫净，并经常将集中的垃圾袋装入垃圾车。

(4) 用完后，应将扫帚上的纸屑、毛发等用软毛刷清除。

(5) 经常清洗帚毛，使帚毛保持清洁、平直。尼龙帚毛容易弯曲，可用水浸泡几分钟后，垂直挂好晾干，帚毛就会自然平直。

二、擦拭

擦拭是用抹布去除浮灰和污垢的主要方法，也是最基本作业之一。

1. 作业方法

擦拭作业的方法多种多样，见表4—1。

表4—1　　　　擦拭的作业方法

序号	作业方法	具体说明
1	干擦	抹布一般是蘸湿后使用，但有些表面，如家具和器具高档漆面、钢面、不锈钢面等不宜经常湿擦，可用干抹布擦拭。操作时，采用如抚摸似的轻擦，以去除微尘。如果用力干擦，反而会产生静电吸附灰尘
2	半干擦	对于不宜经常擦拭的表面，用干擦又难以擦净的，可用半湿半干的抹布擦拭，它比干抹布易于吸附灰尘

续表

序号	作业方法	具体说明
3	水擦	在去除建筑材料及家具表面的灰尘、污垢时，广泛运用水擦或叫湿擦。湿抹布可将污垢溶于水中，去污除尘效果好。使用时，应经常洗涤用脏了的抹布，保持抹布清洁。另外要注意抹布不可浸水过多
4	加保洁剂擦拭	为去除不易溶于水中、有油脂的污垢，可用抹布蘸保洁剂后擦拭。擦拭后，应再用洗净的抹布擦去保洁剂成分
5	油擦	（1）用于各种金属、皮革表面养护，清除吸附的灰尘 （2）使用时先将抹布用少量油进行浸渍处理，再在物品上擦拭

2. 注意事项

（1）不可用脏抹布反复擦拭，否则会损伤被擦拭物的表面。

（2）擦拭时应按照从右至左（或从左至右）、先上后下的顺序，将被擦拭物全部均匀擦遍，不要留下边角，不要漏擦。

（3）擦拭一般家具的抹布、擦拭饮食用具的抹布、擦拭卫生间的抹布等必须严格区分专用。

（4）有些污垢一般用抹布是擦不掉的，可以用百洁布或刷子等特殊工具去除。

三、拖布拖擦

1. 操作方法

拖布拖擦的方法详见表4—2。

2. 操作细则

（1）将要湿拖的地方先除去尘土，竖起“小心地滑”的黄色告示牌。

（2）将拖布浸入适量清洁剂的水桶中，用榨水器榨干、压干。

（3）用手按在压干的拖布上，仔细擦净踢脚线。

表 4—2　　拖布拖擦的方法

序号	作业方法	具体说明
1	干拖	干拖是用干拖布擦拭地面，叫作“干拖”，主要用于擦亮地面或擦去地面上的水迹
2	湿拖	湿拖是将拖布浸湿后，用榨水器榨干拖擦地面，叫“湿拖”，主要用于清除地面上较轻污物，如果地面很脏，可适当选用中性清洁剂进行拖擦，但拖擦后应用清水洗净并擦干
3	蜡拖	蜡拖是汽车掸子的一种，亦可作拖地使用，一般选用人造丝和聚酯纤维混合制成的拖布头，对尘垢附着力强

（4）按“S”形轨迹左右拖着摆动（见图 4—1），边擦边后退，不踩踏已擦过的地方。

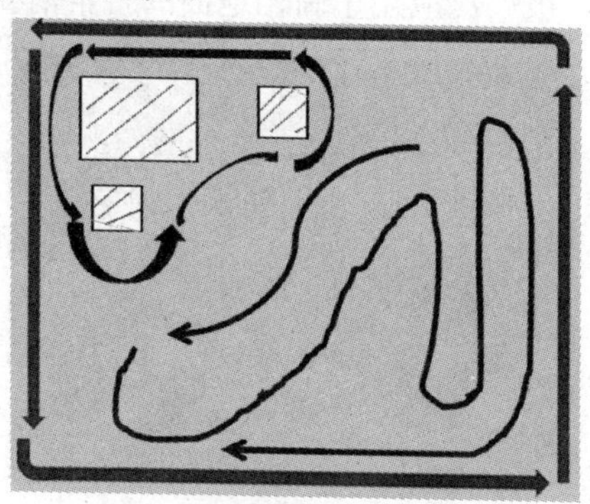

图 4—1　拖擦的“S”形轨迹

（5）先拖擦角落，后拖擦中央，从里到外进展。

（6）注意不要碰到墙壁。

3. 注意事项

（1）拖布头必须常洗涤、挤干并及时更换清水和保洁剂。

（2）告示牌须待地面完全干后再撤去。

（3）移动拖布时，不能扛在肩上或拖在地上，以免碰到他人或墙壁。

（4）办公室、食堂、卫生间等各处使用的拖布，应分别专用，不可混在一起。

（5）拖布暂不用时，应放在指定的地点，不可随意摆放，以免影响整体美观。

（6）作业结束后，必须将拖布洗净晾干，把布条理顺，吊起或倒立于架子上晾干备用，否则拖布头容易因潮湿而滋生细菌。

（7）及时更换旧的拖布头，新的拖布头应浸湿后再使用。

四、尘推

尘推是拖布拖擦的另一种方式，将少量尘推油渗入尘推罩，然后向前推（见图 4—2）。其作业简单省力，附着灰尘力强，可保持地面光亮，被广泛应用于高档地面的日常清扫保洁。

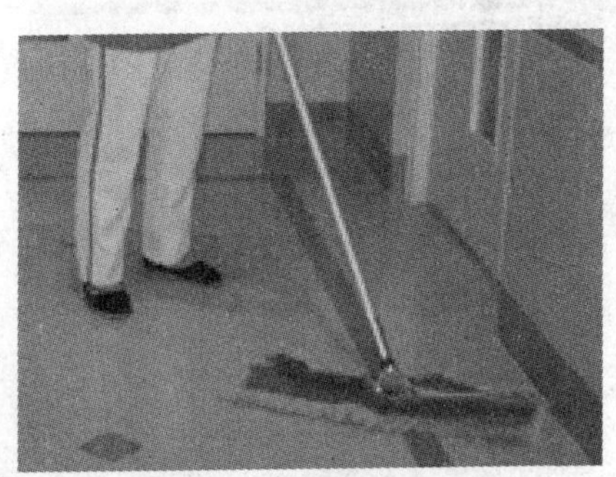

图 4—2　尘推作业

1. 操作方法

（1）将已用牵尘剂的尘推放在地上，按直线或横“S”形推进，尘推不可离地。

（2）尘推沾满尘土时，将尘推放在垃圾桶上用刷子刷净或吸尘器吸净再使用，直到地面完全清洁为止。

（3）若尘推失去粘尘能力，要重新用牵尘剂才可使用。

（4）尘推变脏后可用碱水洗，干后喷牵尘剂。

2. 工作路线

尘推的工作路线如图 4—3 所示。

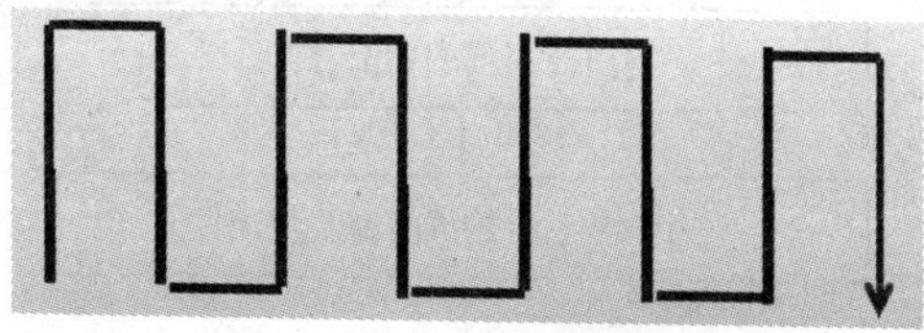

图 4—3　尘推的工作路线

3. 注意事项

（1）选用大小适合的尘推进行推尘，行进中不能提起尘推。

（2）拐弯时，尘推作 180°转向，并始终保持将尘土向前推。

（3）作业结束后，应将尘推拖布头向上挂起或靠墙竖起存放。

模块二　灰尘清除作业

清除灰尘是保洁员的首要工作，保洁员要掌握需要除尘的基本区域及主要方法。

一、门窗除尘

门框、窗户边框等区域，在除尘时要使用抹布、毛巾、百洁布等工具，主要采用表面擦拭的方法。具体的操作步骤如图 4—4 所示。

二、电梯除尘

电梯主要分为升降电梯和自动扶梯，对于其清洁主要采取干擦或油擦的方法。

1. 升降电梯的清洁

升降电梯的清洁操作要点见表 4—3。

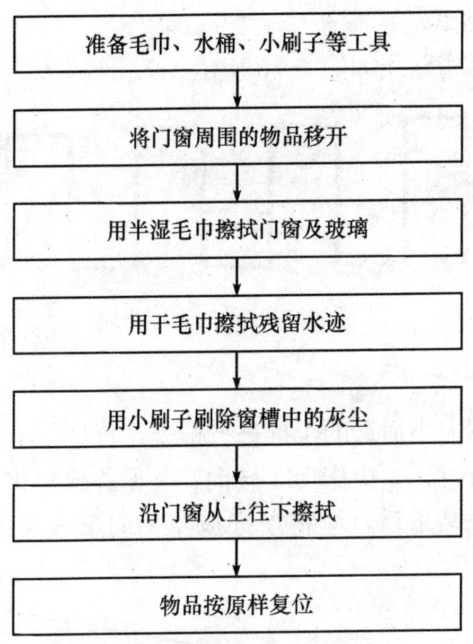

图 4—4　门窗的除尘步骤

表 4—3　升降电梯的清洁操作要点

序号	操作要点	操作说明
1	操作准备	(1) 准备各种清洁工具，如毛巾、清洁剂、拖把等 (2) 电梯停止运行，打开电梯门 (3) 在电梯门口放置“正在清洁”告示牌
2	轿厢内壁清洁	(1) 将毛巾浸水后拧干，沿内壁从上往下来回擦拭，然后用干净毛巾来回轻擦内壁 (2) 用半湿毛巾擦净电梯按钮、显示屏并进行消毒 (3) 如果轿厢内壁是不锈钢镜面，只能使用干毛巾擦拭或油擦
3	轿门沟槽清洁	使用吸尘器将沟槽内的灰尘、沙粒等吸除干净，然后用干净毛巾来回擦拭内槽

续表

序号	操作要点	操作说明
4	轿厢地面清洁	（1）如果地面铺地毯，要使用吸尘器 （2）如果不铺地毯，先用湿拖把并结合清洁剂进行拖擦，再用清水拖擦，最后用干拖把将水迹擦净
5	轿厢门清洁	（1）轿厢门多为不锈钢材料，清洗时要先喷上不锈钢保养剂 （2）用棉质软毛巾从上往下擦拭，最后用半湿毛巾擦拭轿厢门的塑料胶条等区域

★提示：

清洁完成后，要检查整个轿厢是否有遗漏点，如果确认清洁干净，要整理清洁工具并收起告示牌，恢复电梯的正常运行状态。

2. 自动扶梯的清洁

自动扶梯是常见的载人设备，清洁前要准备好各种工具，并在上、下着陆区前放置“正在清洁”告示牌。清洁时要按从上到下，由上着陆区开始至步梯到下着陆区，先扶手带再护板后梯步的顺序进行。自动扶梯的清洁要点见表 4—4。

表 4—4　自动扶梯的清洁要点

序号	清洁区域	清洁要点
1	扶手带	可喷洒少许的清洁剂，然后分类依次先用湿抹布用力擦拭，过清水后再用湿抹布抹擦，最后用干毛巾擦净水迹
2	侧面护板	可使用少许的清洁剂，用湿毛巾擦拭，过清水后用干毛巾擦干
3	着陆区	将拖把浸入清洁剂（兑水后），拿起后拧干，用力拖擦着陆区，来回重复操作

续表

序号	清洁区域	清洁要点
4	梯步	（1）将清洁剂稀释后灌入喷壶中 （2）将扶梯开启运行，把刷盘放在梯步的平面上，将溶液均匀地喷洒在刷盘上方的梯步上，使梯步槽内的污迹流出 （3）用吸水机将梯步上面的水吸干，用拖把将平面拖干净 （4）清洁后，将扶梯开启运行一圈，把断掉的线头清理干净

三、地面清扫

地面清扫是除尘的常用方法，保洁员针对不同的清扫区域应选用正确的清扫工具，掌握基本的清扫方法。

地面清扫要按照由里到外、先两边后中间的顺序，在清扫时主要使用的工具是扫帚。

1. 清扫方法

常见的清扫方法有按扫、弹扫、浮扫、推扫，各种的操作要点，见表4—5。

表4—5　各种清扫方法的操作要点

序号	方法	操作说明
1	按扫	（1）稍用臂力按着扫帚扫地面，除去表面的浮尘 （2）向下用力压时，清扫速度要慢，以防浮尘飞散
2	弹扫	（1）用于各种地垫、家具细小缝处及地面上灰尘等的清扫 （2）具体清扫时，可将扫帚的一头对着垃圾向外上方扫，通过弹力把作业面上的污物带走，不形成飞散的灰尘
3	浮扫	（1）用于绿地、草坪上杂物的清扫。清扫前，要先把草坪上的较大杂物、垃圾拾捡掉 （2）清扫时，将扫帚头稍微扬起在草坪上清扫，力度要小
4	推扫	（1）多用于广场、马路等区域的清扫，一般使用竹扫帚 （2）清扫时，用双手下压扫帚往前推着扫，将各种垃圾推扫到一起，然后再收集处理 （3）推扫是比较粗略的清扫，完成后要使用塑料扫帚细细地扫净

2. 室内清扫

了解以上的清扫方法后，在进行室内清扫时可按以下步骤进行（见图 4—5）：

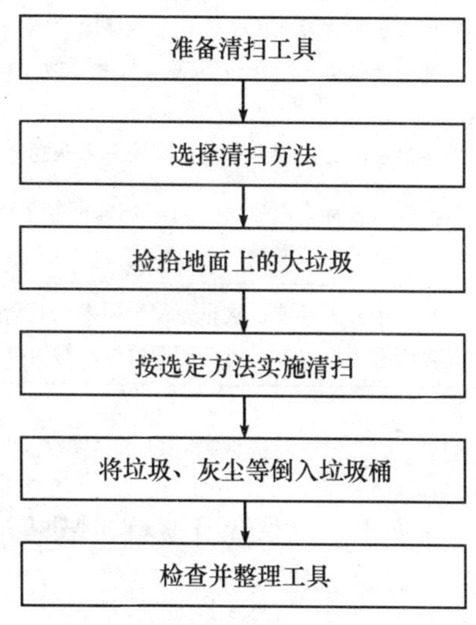

图 4—5　室内清扫的操作步骤

3. 楼梯清扫

清扫楼梯要使用塑料扫帚、簸箕等基本工具，具体作业时应注意以下事项：

（1）要依照从高到低的顺序倒退着进行清扫。必须要一步一个台阶，不能大步倒退以免摔倒。

（2）如果楼梯间较暗，要先开灯后清扫。

（3）清扫后的灰尘、垃圾要及时扫入簸箕，积累量较多时要及时倒掉。

四、天花板除尘

对于天花板、吊平顶等高处区域的蜘蛛网、灰尘等，在清扫时要使用到梯子、刷子、大张帆布等工具。天花板除尘的操作要点见表 4—6。

表 4—6　　天花板除尘的操作要点

序号	阶段	操作说明
1	作业前	(1) 备齐所需用具，并检查其是否完好 (2) 将告示牌放置在工作位置底或显眼的地方 (3) 把帆布张放在工作位置底。如果可能，将家具移开并盖上帆布 (4) 将梯子摆好，如果太高还需要专人扶稳
2	作业中	使用毛刷将各种尘网刷去，对于蜘蛛网较多的角落要用清洁剂进行擦拭，并喷洒消毒液
3	作业后	(1) 将梯子、告示牌、帆布等移开，将地面清扫干净 (2) 将所有用具收齐，清洗清理后放回指定位置

★提示：

在进行天花板除尘时，保洁员要使用眼罩。如果使用到施工架，还必须系好安全带。

五、公共区域除尘

公共区域主要是指道路、广场、绿地等，其除尘主要通过清扫方式。

1. 除尘工具

在清除道路灰尘时，常使用到扫帚、背斗、铁钎、竹夹子(或捡拾器)、铁锹等工具，各自的适用范围见表 4—7。

表 4—7　　公共区域除尘常用工具一览

序号	工具	主要用途
1	竹扫帚	着地面大，经久耐用，多用于道路、广场大范围的清扫
2	簸箕	清扫时背在肩上，用于随时收集地面的垃圾
3	铁钎	长度约 1 m 的铁棍，一端弯成钩状，用于扎起或钩起地上的片状、块状垃圾

续表

序号	工具	主要用途
4	竹夹子（捡拾器）	用于夹起烟头、火柴棍等小块垃圾，尤其是落入缝隙中的垃圾。使用时，靠手的握力控制竹夹子前端开、合，将小块垃圾捡起
5	铁锹	用于收集大片的垃圾，并将垃圾装入车中

★提示：

保洁员在清扫道路时，还要使用到保洁车（自行车或三轮车）、手套、口罩等必要工具。

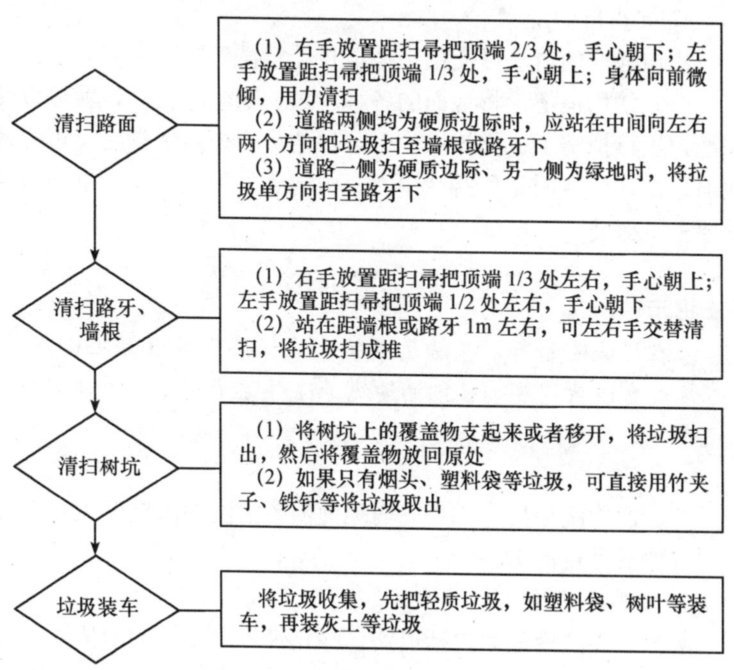

图4—6　道路清扫的四大步骤

2. 道路清扫

道路清扫前，保洁员要检查各种工具是否完好并备齐，尤其要检查三轮车的车闸、车铃、车锁是否齐全有效。待各项工作准备好，就可以按以下步骤进行清扫（见图 4—6）：

模块三　清洁保养作业

除尘是保洁的首要工作，而清洁保养则是进一步的作业，用以保持物品或建筑物的光亮度，并延长其使用期限。

一、地面清洗

1. 室内地面清洗

室内地面的清洗可使用拖擦或机器清洗。

（1）使用拖把。将地面的各种垃圾、灰尘清扫后，就可以使用拖把进行拖洗了。具体操作时，保洁员应先擦洗脚底板再拖擦地面。拖地要遵循先角落后中间、由内到外的顺序，如果地面较脏要重复擦洗。

★提示：

在拖洗地面时，保洁员要将脚底板擦干净或穿上雨鞋。在拖洗完成后，要将脏拖把清洗干净并晾干理顺，以便再次使用。

（2）使用洗地机。如果室内地面需要清洗的区域较大，就应使用洗地机进行清洁。

2. 室外地面清洁

室外公共区域地面包括道路、绿化带等。具体的清洁要点包括：

（1）每天分两次，用扫帚、垃圾斗对路面、绿地进行彻底清扫，清除地面果皮、纸屑、树叶和烟头等杂物。

(2) 用铲刀清除粘在地面上的口香糖等杂物。

(3) 清理垃圾箱，并用长柄刷子蘸水刷洗一次。

(4) 垃圾房附近地面每天在上午、下午用水冲洗两次，每周用洗洁精刷洗一次。

(5) 地面要每周进行冲洗，可使用清洁水车，但绝不能使用消防用水。

3. 不同地面的清洁操作规范

地面有不同种类，如广场砖地面、沥青地面、水泥地面、地砖地面、花岗岩地面等，不同的地面在进行清洁时有一定的区别，表 4—8 为不同地面的清洁操作流程。

表 4—8　　不同地面的清洁操作规范

序号	地面类型	操作流程
1	广场砖地面	(1) 准备好扫帚、拖把、铲刀、垃圾袋等保洁工具 (2) 用扫帚将地面上的垃圾清扫干净，并将清扫后的垃圾放到垃圾桶内 (3) 如发现广场砖发生破裂或松动，应及时向保洁班长反映，并记录在“保洁工作日记”中。工程人员应及时更换破裂的广场砖或将松动的广场砖进行缝合 (4) 如在打扫中发现广场砖上有口香糖等黏附物，应用铲刀沿口香糖边缘轻轻刮起，并放入已准备好的垃圾袋内，禁止用脚将口香糖踩掉 (5) 如在打扫中发现广场砖上有水泥痕迹，应用铲刀将其轻轻刮起，如刮不掉，可用稀释的盐酸将水泥痕迹溶解并迅速用水冲掉，然后再用拖把将水迹冲掉，防止在水迹干之前留下脚印或车辙 (6) 在工作中注意不要破坏砖块之间的缝合处，以免引起砖块之间的松动 (7) 保洁工作结束后，把工具带回工作间，将铲刀用水进行彻底清洗，用干抹布抹干后晾干，然后妥善保存起来以备后用

续表

序号	地面类型	操作流程
2	沥青地面	(1) 循环对沥青地面进行彻底的清扫，将清扫后的垃圾放到垃圾桶内 (2) 发现沥青地面有油污，应及时用清洁剂清洁，先将一定比例的清洁剂倒在油污上，然后用抹布轻轻擦去油污，如一次擦不净，可反复擦洗。擦洗完毕后，用清水对擦洗处进行冲洗，然后用抹布将冲洗处的水迹擦干 (3) 用铲刀清除粘在沥青地面上的口香糖等杂物。用铲刀将杂物轻轻铲起，然后放入准备好的垃圾袋 (4) 下雨天应及时清扫地面，确保沥青地面无积水，防止路人在行走时因积水面积过大而滑倒 (5) 旱季时每月冲洗一次地面，雨季时每半月冲洗一次地面。冲洗路面后，应及时清除路面水迹 (6) 沥青地面的清洁标准 ——目视地面无杂物、积水，无明显污渍、泥沙 ——道路、人行道无污渍，每 200 m^2 痰迹控制在 1 个以内 ——行人路面干净，无污迹、杂物，无垃圾和痰迹 ——路面垃圾滞留时间不能超过 1 h (7) 把工具放回工具间，将铲刀用清水冲洗，并用干抹布抹干后晾干，以备后用
3	水泥地面	(1) 用扫帚扫干净水泥地面上的杂物，如灰尘较大，可先洒点水后再清扫 (2) 在打扫中发现水泥地面有开裂现象，应及时报告保洁班长，并记入保洁日记中 (3) 对于水泥地面开裂，应采取以下措施： ——准备好铲刀、泥桶等 ——将石灰搅拌成泥浆，用铲刀将泥浆沿开裂的地缝修补，同时保持修补后的地面平整 ——在修补后的水泥地面附近放上告示牌，等到水泥干透后再拿掉 (4) 在夏季，注意在打扫时多洒水，以免水泥地面热胀冷缩引起开裂

续表

序号	地面类型	操作流程
3	水泥地面	(5) 对于水泥地面上的杂物，如口香糖，应用铲刀及时铲去，放入准备好的垃圾袋中 (6) 对于水泥地面上预留的水泥缝，在打扫时要注意去除里面的杂物 (7) 遇到雨雪天气，要及时打扫，防止积水积雪造成过往行人跌倒 (8) 地面的清洁标准： ——目视地面无杂物、积水，无明显污渍、泥沙 ——道路、人行道无污渍，每 200 m^2 痰迹控制在 1 个以内 ——行人路面干净，无污迹、杂物，无垃圾和痰迹 ——路面垃圾滞留时间不能超过 1 h
4	地砖地面	(1) 准备好扫帚、拖把、铲刀、垃圾袋等保洁工具 (2) 用扫帚将地砖地面上的垃圾清扫干净，并将清扫后的垃圾放到垃圾桶内 (3) 如在打扫中发现地砖发生破裂或松动，应及时向保洁班长反映，并记录在“保洁工作日记”中。工程人员应及时更换破裂的地砖或将松动的地砖进行缝合 (4) 如在打扫中发现地砖上有口香糖等黏附物，应用铲刀沿口香糖边缘轻轻刮起，并放入已准备好的垃圾袋内，禁止用脚将口香糖踩掉，以免破坏地砖表面 (5) 如在打扫中发现地砖上有水泥痕迹，应用铲刀将其轻轻刮起，如刮不掉，可用稀释的盐酸将水泥痕迹溶解并迅速用水冲掉，然后再用拖把将水迹除掉，防止在水迹干之前留下脚印或车辙 (6) 在工作中注意不要破坏砖块之间的缝合处，以免引起砖块之间的松动 (7) 保洁工作结束后，把工具带回工作间，将铲刀用水进行彻底清洗，用干抹布抹干后晾干，然后妥善保存起来以备后用

续表

序号	地面类型	操作流程
5	花岗岩地面	（1）日常清洁保养 ——扫净花岗岩地面后，用拖把将地面拖干净，每天拖抹2次 ——将吸尘剂喷在尘推上对花岗岩地面进行推尘，每天数次 ——对污染较重部位应用稀释的盐酸清洁，清洁完毕立即用清水冲洗并擦干水迹 （2）每月一次用擦地机、百洁垫、清洁剂全面清洗花岗岩地面 （3）注意使用稀释盐酸清洁时防止盐酸腐蚀金属设施 （4）花岗岩地面清洁保养标准应达到：目视花岗岩地面色泽透明光亮

二、地板清洁保养

1. 地板拖扫

在清洗地板前，保洁员要先做好地板的除尘及拖扫工作。

（1）所需清洁用具。在进行拖扫时，主要使用到拖把、吸尘器、扫帚、簸箕、刮刀、告示牌等基本清洁工具。

（2）拖扫方法与步骤。地板拖扫的步骤与要点详见表4—9。

（3）拖扫注意事项。在进行拖扫作业时，要注意以下4点：

1）使用前，须小心检查吸尘器。注意电插头、电线、储尘袋和吸管。

2）不可将拖把随意摆放。

3）使用木质把柄的拖把时，须将柄包好（木柄上的尖片可能刺伤手）。

4）当拖扫许多地方时，每扫完一个地方先将灰尘扫起，同时用吸尘器将拖扫刷毛吸干净，再到另一个地方工作。

（4）拖扫用具的保养。各拖扫用具的保养要点包括：

1）存放拖把时，将它倒立。

表 4—9 地板拖扫的步骤与要点

序号	步骤	操作要点
1	备齐用具并检查	将所需用具备齐，同时检查用具是否完好。再检查吸尘器电插头、电线和储尘袋等。保洁员在做准备工作时，不能忽略告示牌的放置，应将其放在显眼的地方
2	去除口香糖、黏纸	用刮刀去除口香糖、黏纸
3	实施拖扫作业	(1) 宽大型拖扫：将拖把贴放在前方地面上，朝前方直行推行，到墙边时作“U”形转弯，确保拖把不离地面 (2) 窄小型拖扫：将拖把贴放在地面上，“S”形由前至后，逐步后退，到墙边时作“U”形转弯，确保拖把不离地面 (3) 使用拖把转弯后，确保在反方向行走时拖把与先前扫过的地段重叠 1/3。对于拖把无法到达的地方，用小扫帚和簸箕将灰尘去除
4	使用吸尘器	拖扫积尘灰时，用吸尘器吸干净
5	完成后整理用具	工作完毕，将遗留在地面的灰尘用小扫帚和簸箕或吸尘器去除。最后将所有用具收齐、检查，洗干净后放回储存室

2）拖把刷毛肮脏时，可将之取出，洗干净后晾干。

3）用完吸尘器后，须将它抹干净。

4）吸尘器储尘袋满后，须更换（纸制）或将灰尘倒除，洗干净后晾干。

2. 地板拖洗

拖洗地板时，可采用单一药剂或双药剂拖地系统对地板进行拖洗。

（1）单一药剂地板拖洗。单一药剂地板拖洗，即使用单一药剂拖地系统（如水桶、绞干器和拖把），再配上清洁剂、强力擦垫、工业手套、刮刀、告示牌等必要工具。具体的清洗步骤如下：

1）将所需的用具备齐，同时检查用具是否完好，并将告示牌放置在显眼的地方。

2）检查地板上是否有口香糖、黏纸等。如果有，要使用刮刀小心去除。

3）将适量的清洁剂加入清水中，把拖把完全浸入水中，再将拖把绞干。

4）拖地时，由离门口最远处开始，每次只拖洗一小方位。

5）先将墙脚边缘直行抹净，再用“S”形由前至后，逐步将地板拖洗干净，拖地时拖把须与先前所到处重叠。

6）用擦垫去除地板上的顽固污迹。

7）根据地板的脏污度确定拖洗的次数。工作结束，待地板完全干后，才能将告示牌取走。

★提示：

由于使用了清洁药剂，保洁员在拖洗地板时要戴上手套。拖地时，尽量不要在地板上用太多水，保证地板不过湿。

（2）双药剂地板拖洗。双药剂地板拖洗，即使用双药剂拖地系统（如两只水桶、绞干器和两根拖把），再配上清洁剂、强力擦垫、工业手套、告示牌、刮刀、布等必要工具。

具体的清洗步骤与单一药剂地板拖洗大致相同，只是在清洗时更为方便。另一只水桶盛半桶清水，供地板过水用，另一根拖把主要用于将清洗后的地板拖干，这样就减少了单一药剂拖洗频繁换水、洗拖把的程序。

在拖洗结束后保洁员要做好以下用具保养工作：

1）将拖把完全清洗干净；储存时，将拖把倒立。

2）将擦垫、刮刀和手套洗干净并晾干。

3）将水桶和绞干器洗干净并抹干；储存时，将水桶倒立。

3. 地板刷洗

地板刷洗时要使用到洗刷机、吸水机、两只水桶、强力擦垫（持器和长柄）、塑胶袋、抹布等工具。

（1）清洗方法与步骤。清洗时应按照以下的步骤进行（见表4—10）：

表 4—10　清洗的步骤与要点

序号	步骤	操作要点
1	准备工作	（1）将所需用具备齐，同时检查用具是否完好。检查机器电插头、电线等 （2）将告示牌放置在显眼的地方 （3）按照厂商标签指示，将适量的清洁剂加入桶内清水中，如果洗刷机装有水桶和喷水系统，将备好的清洁剂倒入机器的水桶内
2	刷洗地板	（1）从离出入口最远处开始洗刷，采用来回重叠的方法 （2）刷洗墙脚部位的地板时，用“切入”直行的方法 （3）角头和墙边，机器所不能及处，用强力擦垫刷洗 （4）清洁剂喷到墙面或其他地方时，立刻用布和清水抹掉
3	吸干水	用吸水机将地板上的水吸干。吸水时，吸水机从干处开始作业，再进入湿处。吸水后，同样将吸水机摆放在塑胶袋上
4	结束工作	刷洗完毕，将擦垫、驱动器或硬刷取下。将所有用具收齐，清洗后放回储存室

（2）安全注意事项

1）工作时须戴手套。

2）将机器的各个配件装好后，才能将电插头插入插座。在插入电插头前必须保证手是干燥的。

3）使用机器操作时要注意安全，最好将电线抛到后方，使电线不会卷入机器底或绊倒人。

4）尽量将电线抛到机器后面，离开湿地面。

5）机器暂停使用时，将手柄直立。

（3）用具的保养。用具保养要点包括：

1）用清水洗涤擦垫或硬刷，然后晾干。

2）将吸水机内部和配件抹干净。

3）工作后，立刻将擦垫或硬刷从机器底取下，否则擦垫或硬刷易变形损坏。

4）清洗水桶抹干后，倒立储存。

4. 地板抛光

地板抛光可分为一般抛光与喷雾抛光。

（1）一般抛光。一般抛光时，要使用抛光机、抛光刷、抛光擦垫（白色）、拖把、吸尘器、告示牌等必要用具。具体抛光时应按以下步骤进行（见图 4—7）：

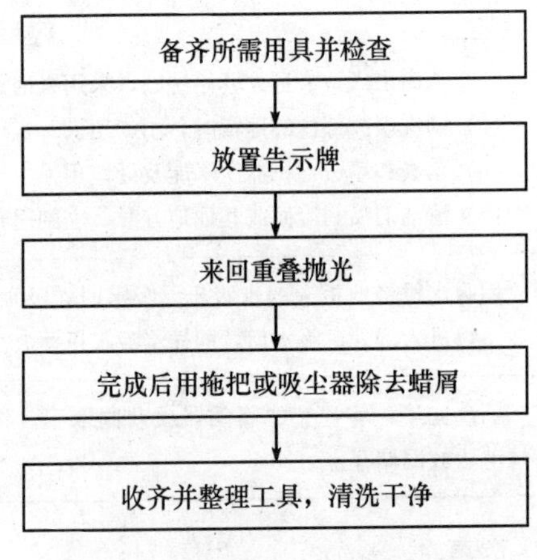

图 4—7　硬地板的一般抛光步骤

★提示：

如果抛光机装有水桶，在开始工作前，须将喷水系统拆除。抛光时要注意按区域次序进行，遇到墙脚部位的地板，采用“切入”直行的方法。

（2）喷雾抛光。喷雾抛光就是在抛光时还要使用到喷雾抛光刷、喷雾抛光擦垫（红色）、手提喷雾器等工具。其具体的清洁操作及维护要点见表4—11。

表4—11 喷雾抛光的操作要点

序号	事项	注意要点
1	清洁操作	与一般抛光的操作基本相同，主要的不同点包括： （1）在喷雾器内，要将适量的清洁剂加入清水中 （2）用喷雾器喷洒大约2 m^2的地板，喷洒时要小心不使地板太潮湿 （3）喷洒时若喷到墙面或其他地方，立刻用布和清水抹擦 （4）时常检查擦垫，磨损后要及时更换
2	安全注意事项	（1）检查电动机器，尤其注意电插头和电线 （2）工作时要注意电线，将它抛到机器后面 （3）机器不使用时，将手柄直立
3	用具保养	（1）用吸尘器清洁拖把刷毛；储存时，将拖把倒立 （2）将擦垫从机器底取下，用清水洗涤后晾干 （3）用清水将喷雾器洗净 （4）将水桶洗净、抹干，倒立存放

5．地板打蜡

地板打蜡是地板养护的必备工序，作业时要使用到吸水机、抛光机、吹干机、抹布、手套等必要的用具。具体的操作步骤如图4—8所示。

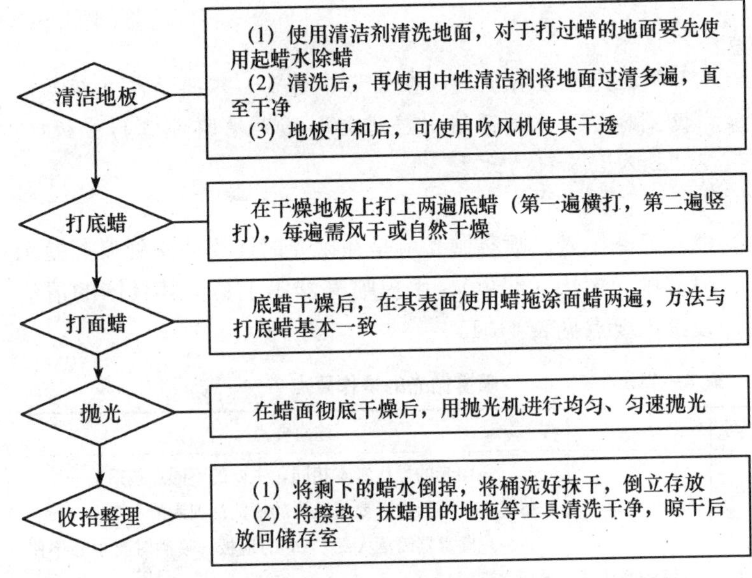

图 4—8　地板打蜡步骤

★提示：

在打蜡时，一定要戴上安全手套。在实际操作时，应将盛装去蜡剂的桶放在后方，还应避免溅泼去蜡剂或蜡水。

三、地毯清洗

1. 热水抽取式地毯清洗

进行热水抽取式地毯清洗，需要使用到吸尘器、热水抽取机、喷雾器、除污剂、手提刷子、清洁剂、抹布、水桶、告示牌等工具。

(1) 清洗步骤。热水抽取式地毯清洗步骤如下（见图 4—9）：

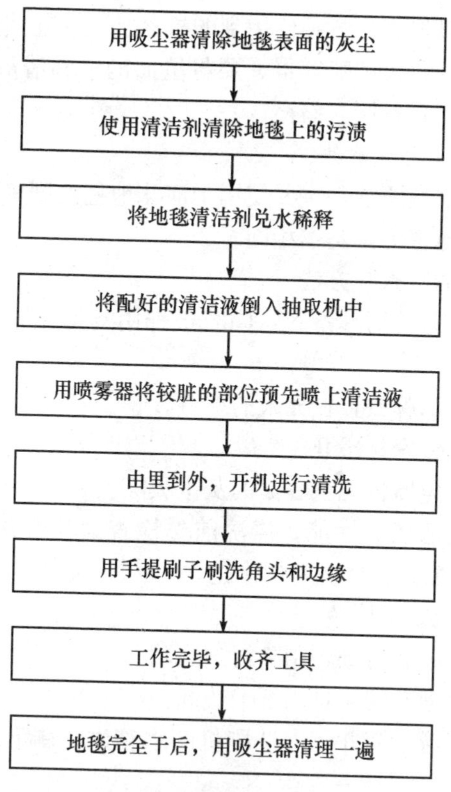

图 4—9　热水抽取式地毯清洗步骤

★提示：

在进行热水抽取式地毯清洗时，要注意以下事项：

（1）第一次抽洗时，可以按动抽取机的喷雾器，在松开喷雾器后，向后拉一小段距离将尾端的水吸取上来。再次抽洗时，不能按动喷雾器，只需吸去地毯的剩余水分即可。

（2）开始工作前要先检查地毯是否粘紧，地毯是否会脱色。

（2）用具保养。各种使用到的机器、工具在使用后要清洗干净，尤其是抽取机和喷雾器，要将里面的水和清洁液倒掉洗净。水桶清洗抹干后，倒立储存。

2. 干泡沫地毯清洁

干泡沫地毯清洁，主要使用干泡沫地毯洗刷机，其他用具与热水抽取式地毯清洗基本相同。

（1）清洁步骤与方法

1）将所需的用具备齐，同时检查用具是否完好。检查各电动机器的电插头、电线等。

2）将告示牌放置在显眼的地方。

3）尽量将家具搬开。

4）用吸尘器将地毯表面的灰尘吸除。

5）检查地毯的性能。清洗前先检查地毯各角落是否粘紧。用白布或白色纸巾蘸上未加水的清洁剂，选择一处不显眼的角落，试查地毯是否脱色。

6）地毯若有污迹，用除污剂去除。

7）将未搬开的家具用纸卡垫起。

8）配好清洁液并倒入洗刷机的水箱内，剩下的则倒入喷雾器内。

9）用喷雾器将较脏的部位预先喷上清洁液。

10）由离出入口最远处开始，采用来回重叠的方法，要小心不使地毯太湿。

11）工作完毕，将所有家具搬回原位，用纸卡将家具脚垫起。

12）将所有用具收齐，洗干净后放回储存室。

13）地毯干后，用吸尘器清理一遍。

（2）安全注意事项。由于洗刷机是电动机器，因此在使用前要检查各机器部件是否正常完好。在使用时，要将电线抛到机器后面。

3. 地毯湿洗清洁

湿洗就是使用专用的低泡沫清洁剂进行清洁。其操作与干泡沫地毯清洁基本一致，以下仅对其不同点进行说明：

（1）洗刷完毕后，必须用吸水机或抽取机尽量将地毯内的水分吸除。

（2）洗刷过的地毯还需进行过清水处理，过水后也要用吸水机将地毯吸干。

4. 地毯干粉清洁

（1）所需清洁用具。进行地毯干粉清洁时，要使用到吸尘器、搅动机或硬刷、化工干粉和除污剂。

（2）清洁步骤。地毯干粉清洁的操作步骤如图 4—10 所示。

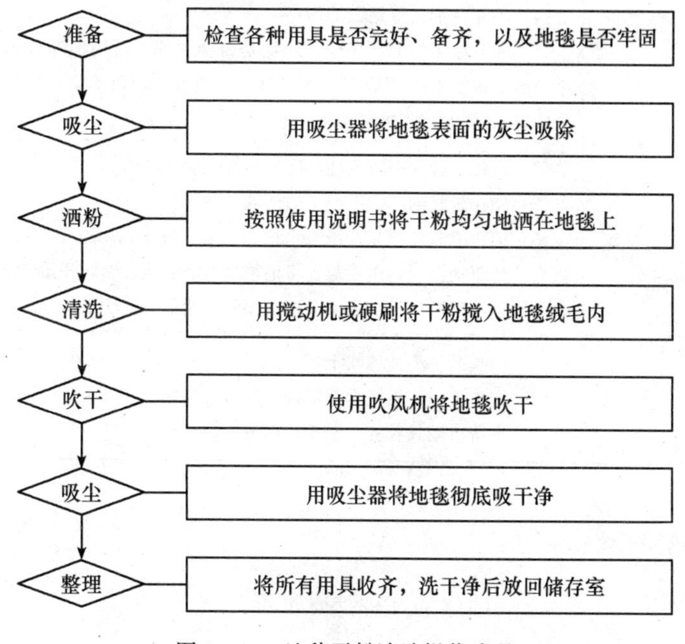

图 4—10　地毯干粉清洁操作步骤

（3）用具保养。主要将吸尘器、搅动机或硬刷做好保养。

1）将吸尘器抹干净，将储尘袋更换或洗净。

2）将搅动机或硬刷清理干净。

5. 地毯掠撇式清洁

进行掠撇式清洁，要使用吸尘器、刷洗机（标准速度）、驱动盘和帽形绒毛软刷或白色擦垫、喷雾器、绞干器等必要工具。

具体的清洁步骤见表4—12。

表4—12 地毯掠撇式清洁

序号	阶段	注意要点
1	准备	（1）备齐所需用具，检查其是否完好 （2）将告示牌放置在显眼的地方 （3）使用吸尘器吸除地毯表面的灰尘 （4）用除污剂去除地毯的污迹 （5）在开始工作前，先检查地毯是否会脱色（可用白布或白色纸巾蘸上未加水的清洁剂，在不显眼的地方，如角落试查地毯是否脱色），同时检查地毯是否粘紧
2	操作	（1）按使用说明书将清洁液配好并倒入喷雾器内 （2）先在较脏的部位上喷上清洁液 （3）把软刷或擦垫完全浸入水桶内的清洁液中，用绞干器绞干，将它装到驱动盘上，用喷雾器将地毯喷上清洁液，然后开始刷洗 （4）采用来回重叠的方法，按次序将整片地毯刷洗干净
3	完成后	（1）用吹风机将地毯吹干 （2）地毯干后，用吸尘器清理一遍 （3）将所有用具收齐，洗干净后放回储存室

★小知识：

地毯的几种特殊情况处理

1. 压痕

地毯因长期被重物压住会形成压痕，可用蒸汽熨斗喷蒸气在有压痕的地方，再用软毛刷不断拭刷，地毯慢慢就可恢复弹力。

2. 口香糖

切勿强行撕起粘在地毯上的口香糖，应用胶袋盛放冰块把口香糖冷却成硬块，这样便可以把整块口香糖除去，然后用干洗的地毯清洁剂清洁，再用软毛刷把地毯毛刷松。

3. 漂白水

若不小心将含有漂白成分的清洁剂滴在地毯上，应立即用厕纸把液体吸干，然后任其风干。注意不可将湿处抹开，也不能用湿布抹地毯，这样做只会令范围扩大。

四、墙壁清洁

1. 瓷砖、喷涂和大理石墙面清洁

对所有贴瓷砖的内墙面、喷涂墙面和大理石墙面的清洁，应按以下程序进行（见图 4—11）：

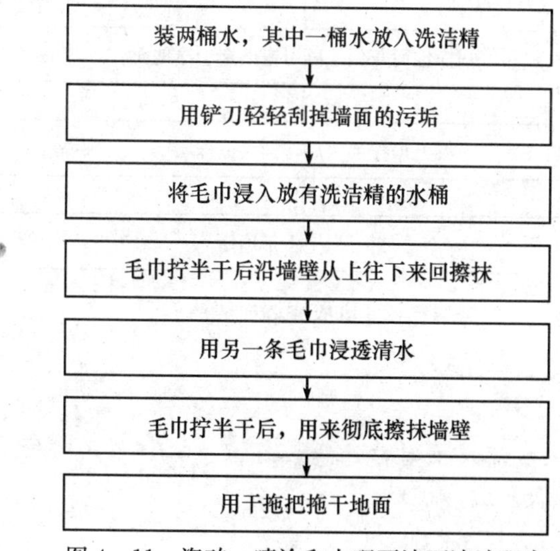

图 4—11　瓷砖、喷涂和大理石墙面清洁程序

★提示：

用铲刀刮除墙面污垢时，不能刮伤墙面。如果墙壁上污迹较重，用毛巾清洗后还要用短柄刷刷洗。

2. 乳胶漆墙面清洁

对大厦消防楼梯、走道等处的乳胶漆墙面及天棚面的清洁，应按以下程序进行（见图 4—12）：

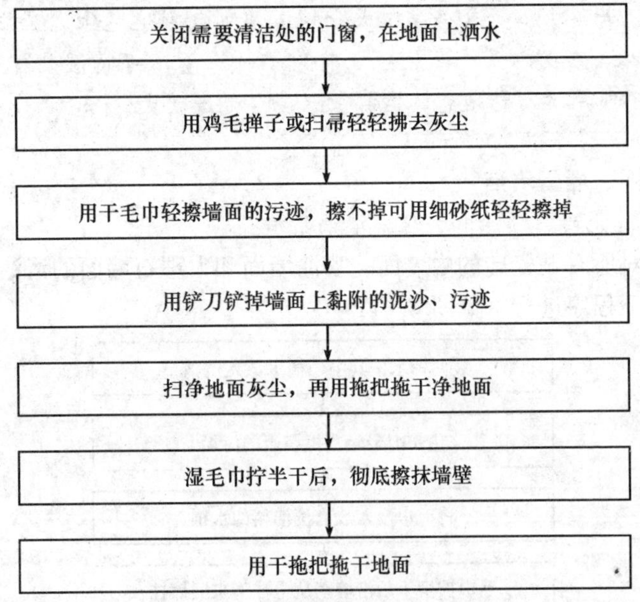

图 4—12　乳胶漆墙面清洁程序

★提示：

清洁乳胶漆墙面时，注意戴好帽子、口罩和眼镜，并扎紧工作服的领口、袖口。

五、外墙面清洗

外墙面经过长时间的风吹雨打，需要定期进行清洗。

1. 清洗设备

外墙面清洗是一项高难度的作业，且危险性较大。在清洗前要检查各种设备、工具是否完好。常见的设备及其使用见表4—13。

表4—13　外墙清洗常用设备及其使用

序号	设备	使用说明
1	生命绳、安全绳、工作绳	(1) 生命绳与安全绳都是由锦纶制成的直径为18 mm左右的绳索 (2) 工作绳主要连接吊板的活络结，形成高空作业的吊板组件 (3) 工作绳与安全绳的使用年限为一年，不得超期使用，如果有磨损要废弃掉 (4) 工作绳与安全绳在工作结束时应顺其纹路盘整好，避免发生扭曲现象，并应放于干燥的地方，定期进行干燥处理
2	吊板	由防滑座板与吊带组成。在使用前应检查其抗拉强度，若发生裂纹应及时更换
3	安全带	(1) 由两根肩背带和一根腰带、两根腿带组成，通过自锁钩与生命绳连接 (2) 对安全带的肩背带、腰带和腿带之间的连接处应十分注意，若发生断线、脱线的情况，应及时更换
4	下滑扣	(1) 由直径16 mm的圆钢制成，并有螺栓销连接的U形扣 (2) 主要连接吊板上的吊带与工作绳，工作绳在下滑扣里形成活络结，使作业人员能够坐在吊板上安全下降 (3) 打活络结时，螺栓销要拧紧
5	自锁钩	由不锈钢板制成，连接作业人员身上的安全带与生命绳，必须灵活可靠

2. 清洗方式

(1) 吊板清洗

1) 作业前的准备。采用吊板清洗方式时，在具体作业前要做好充分的准备工作，具体见表4—14。

表4—14　作业前的准备事项

序号	准备工作	具体事项
1	准备工具	准备吊板、安全绳、水枪、水管、抹水器、刮水器、清洗滚筒、毛巾、板刷、百洁布、铲刀、吸盘以及清洁剂等必要工具
2	勘察现场	(1) 察看现场，看建筑物顶部必须有固定吊板绳和安全绳的牢固构件，绳子下垂经过位置不得有尖锐棱角锋口 (2) 在高压电源区无法隔离时，不得开始工作 (3) 天气状况必须良好，出现大风（风力大于3级）、雨雪、高温、低温等天气都不能作业
3	安全检查	(1) 检查吊板绳、安全绳有无损伤或断股 (2) 检查坐板有无裂纹，吊带是否反兜，坐板底面及吊带有无损伤 (3) 确认高空下吊人员每人一根吊板绳、一根安全绳 (4) 检查高空下吊人员背负的保险带有无损伤 (5) 检查吊板绳、安全绳在建筑物顶部的绑扎固定部位是否牢固，吊板绳、安全绳在建筑物顶部的绑扎固定部位不得在同一受力处，必须是分开的两处 (6) 检查吊板绳、安全绳在经过建筑物顶部“女儿墙”直角转折处是否垫有防止绳索损伤的衬垫，发现未垫则停止工作 (7) 检查作业人员的着装是否符合以下要求：头戴安全帽；身着长袖工作上衣和长工作裤，腐蚀性环境应着耐腐蚀工作服；脚着软底胶鞋，腐蚀性环境应着防腐蚀工作鞋 (8) 检查作业人员携带工具是否都与保险带常用绳索相连接

★提示：

在作业现场的地面区域内设置围栏作为安全区域，并安排一名地面安全员阻止行人通行，发现未安排地面安全员或未设置围栏，则停止工作。

2）清洗作业。采用吊板清洗方式的具体作业步骤如下（见图 4—13）：

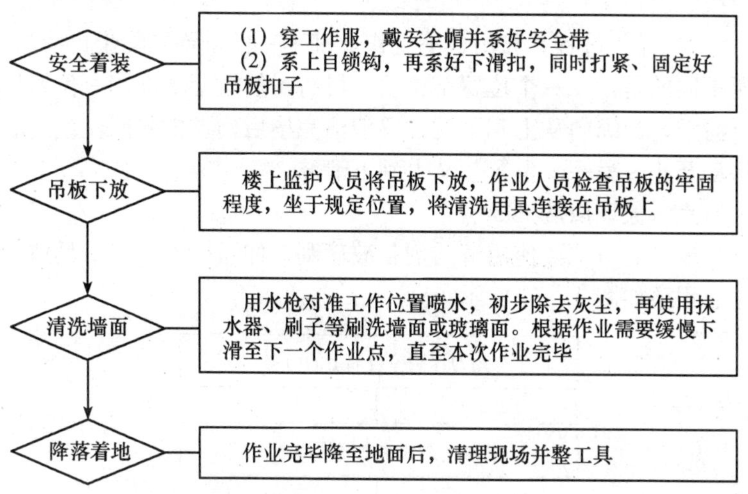

图 4—13　吊板清洗作业步骤

★提示：

如果需要多次作业，要在第一次作业降至地面后，卸下水桶、吊板等，再上屋顶开始第二次作业。此外，在整个工作过程，安全员必须自始至终在现场监督。

（2）吊篮清洗。在作业时，人员站在吊篮内，随吊篮移动清洗墙面的不同区域。

1）准备工作。重点检查屋顶状况，确认能否安装吊篮，吊篮在屋顶移动有无障碍，霓虹灯、广告牌等是否妨碍作业等，然后确定作业方案。此外，作业时需要两名操作员携带清洗工具和用品进入吊篮。

2）安全检查。主要检查吊篮各部位，如吊篮紧固件、连接件、提升机、安全保护装置、钢丝绳、电缆线等是否完好，确认无隐患后方可工作。其他检查事项与吊板清洗前的检查内容基本一致。

3）操作过程。与吊板清洗作业基本一样，要先除尘再清洁。所不同的是，在一个位置结束后，可将吊篮放至下部同一位置进行清洁，当纵向从上到下的位置清洁完毕后，再横向向左或向右移动至相邻另一个位置，从上到下清洁。

六、玻璃清洗

玻璃的清洗要使用清洁剂、玻璃刮、伸缩杆等工具。具体的作业程序如图 4—14 所示。

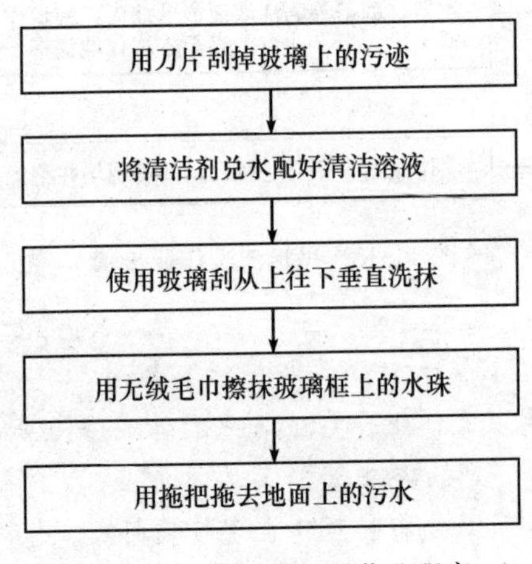

图 4—14　玻璃清洗的作业程序

★**提示：**

对于污迹较重的地方要重点清洗，作业时还应注意防止玻璃刮的金属部分刮花玻璃。清洗高处玻璃时，要将玻璃刮套在伸缩杆上。

七、镜面清洁

1. 准备工作

（1）工具。将清洁所需的各种工具准备好，包括：

1）按1∶50的比例配制好玻璃清洁剂溶液，盛放在一个水桶中。

2）准备好刀片、抹水器、带伸缩杆的刮水器。

3）抹布若干及大块旧布。

4）备清水一桶。

（2）其他准备。将大块旧布打开铺在玻璃镜面下方的地面上，水桶放在布上，防止清洁剂及水滴在地上。

2. 镜面清洗

（1）用玻璃抹水器的毛头蘸上适量玻璃清洁剂溶液，从上至下、从左至右地垂直擦洗，如果玻璃镜面的面积较大、高度较高，可将伸缩杆拉开使用。

（2）用玻璃刮水器从左向右横向或从上至下刮擦玻璃，将玻璃上的溶剂刮净。在刮擦时，应及时用抹布擦去刮把上的水分，并用抹布将玻璃边上及边框的水迹抹净。

（3）如发现玻璃镜面有斑迹，可用刀片轻轻刮去，要注意不可刮花玻璃镜面的表面。

（4）结束工作后将所有的工具清洗干净，毛头刷晒干，以备下回使用。

八、公共卫生间清洁

公共卫生间的清洁（见图4—15）要点主要有：

图 4—15　公共卫生间清洁

（1）打开门窗通风，用水冲洗大小便器，用夹子夹出小便器内的烟头等杂物。

（2）清扫地面垃圾，倾倒垃圾篓，换新垃圾袋后放回原位。

（3）将洁厕水倒入水勺内，用厕刷蘸洁厕水刷洗大、小便器，然后用清水冲净。

（4）用湿毛巾和洗洁精擦洗面盆、大理石台面、墙面、门窗标牌。

（5）先将湿毛巾拧干擦镜面、窗玻璃，然后再用干毛巾擦净。

（6）用湿拖把拖干净地面，然后用干拖把拖干。

（7）喷适量香水或空气清新剂，小便斗内放入樟脑丸。

九、灯具清洁

1. 作业程序

灯具清洁的作业程序如下：

（1）准备梯子、抹布等工具。

（2）关闭电源，架好梯子，取下灯罩。

（3）用湿抹布擦抹灯罩内外污迹。

（4）用干抹布抹干水分。

（5）装上灯罩并固定螺钉。

★**提示：**

清洁日光灯具时，应先将电源关闭，取下盖板，取下灯管，然后用抹布分别擦抹灯管和灯具及盖板，重新装好。

2. 安全注意事项

由于灯具清洁作业涉及电气安全以及高处作业安全（见图4—16），因此必须注意以下安全事项：

图 4—16 灯具的清洗

（1）在梯子上作业时应注意安全，防止摔伤。

（2）清洁前应关闭灯具电源，以防触电。

（3）人在梯子上作业时，应注意防止灯具和工具掉下碰伤行人。

（4）用螺丝刀拧紧螺钉。固定灯罩时，应将螺钉固定到位，但不要用力过大，以防损坏灯罩。

3. 灯具清洁标准

应达到：目视灯具、灯管无尘，灯具内无蚊虫，灯盖、灯罩明亮清洁。

十、宣传栏、标识牌等清洁

各种雕塑装饰物、宣传栏、标识牌等的清洁要点详见表

4—15。

表 4—15　雕塑装饰物、宣传栏、标识牌的清洁要点

序号	清洁对象	清洁要点
1	雕塑装饰物	（1）备长柄扫帚、抹布、清洁剂、梯子等工具 （2）用扫帚打扫装饰物上的灰尘，人站在梯子上，用湿抹布从上往下擦抹一遍，如有污迹，将清洁剂涂在污迹处用抹布擦抹，然后用水清洗
2	宣传栏	用抹布将宣传栏里外周边全面擦抹一遍，玻璃用玻璃刮清洁
3	宣传标识牌	（1）可先用湿抹布从上往下擦一遍，然后再用干抹布抹擦一次 （2）如果宣传牌、标识牌等表面有广告纸，应先撕纸后清洁

十一、游泳池及更衣室清洁

1. 游泳池区域的清洁

（1）游泳池区域应每天清理 1 次。

（2）用扫帚将游泳池区域的地面打扫 1 次。

（3）用百洁布加清洁剂擦洗池边瓷片。

（4）用水管冲洗台、椅及沙滩床，并用干布抹干净。

（5）对游泳池水面漂浮物进行打捞；对池底用水老鼠进行吸尘，放入消毒片；对游泳池四周地面用拖把拖净。

（6）每半月对泳池周边地面用清水冲刷 1 次。

2. 更衣室清洁

（1）每日场休时对更衣室进行卫生检查和保洁。

（2）按顺时针方向将垃圾取出，开窗通风。

（3）将少许洁厕剂倒入马桶浸泡，用马桶刷对马桶四周进行刷洗，放水冲净。

（4）顺时针方向对更衣柜、窗框窗台、淋浴间进行抹尘

清洁。

(5) 每周一次对更衣柜内部进行抹尘清洁。

(6) 每周一次对墙脚进行清洁，天花板去蛛网。

(7) 每周一次对浴壁用清洁剂进行刷洗。

(8) 每周一次对马桶、更衣室周边用84消毒液消毒。

(9) 由内向外将地面拖净。

(10) 检查一遍，收拾清洁工具离开。

3. 注意事项

(1) 清洁时注意回避客人。

(2) 使用清洁剂时应注意防止扩散，以免污染池水。

4. 卫生标准

(1) 台、椅无灰尘污迹，地面无积水、垃圾。

(2) 更衣室内天花板、灯具、出风口洁净，无蜘蛛网、灰尘，玻璃镜面光亮、无污迹，地面、墙面整洁、无浮尘。

十二、儿童乐园清洁

1. 操作要领

(1) 备抹布、胶桶、扫帚等工具以及清洁剂。

(2) 用抹布擦拭儿童娱乐设施表面上的灰尘。

(3) 倒少许清洁剂在污渍处，用抹布擦拭，然后用水清洗干净。

(4) 清扫游乐场所及周围的纸屑、果皮、树叶等垃圾。

(5) 擦拭附近的椅凳。

(6) 每天将设施场所至少打扫一遍，不定时循环保洁，目视游乐场周围整洁干净。

(7) 滑梯每周清洗一次，儿童乐园的其他设施每天擦抹一次，保持无灰尘、污渍。

2. 注意事项

(1) 在擦拭儿童游乐设施时，发现设备设施脱焊、断裂、脱漆或有安全隐患时，应及时汇报给管理方。

（2）发现用户特别是小孩未按规定使用游乐设施时，应立即予以制止、纠正。

3. 清洁标准

（1）游乐设施表面干净光亮，无灰尘污渍、锈迹。

（2）目视游乐场周围整洁干净，无果皮、纸屑等垃圾。

十三、阴沟、窨井清洗

1. 清洁频次与要求

（1）每季度。每季度对阴沟、窨井按以下要求清理一次：

1）用铁钩打开井盖。

2）用捞筛捞起井内的悬浮物。

3）清除井内的沉沙，用铁铲把粘在井内壁的杂物清理干净。

4）清理完毕盖好井盖。

5）用水冲洗地面。

（2）每年。每年对阴沟、窨井按以下要求彻底疏通一次：

1）打开井盖后，用长竹片捅捣阴沟、窨井内的黏附物。

2）用压力水枪冲刷阴沟、窨井内壁，如图 4—17 所示。

图 4—17 窨井清洁

3）清理阴沟、窨井内的垃圾。

2. 清洁标准

（1）目视阴沟、窨井内壁无黏附物，阴沟、窨井底无沉淀物。

（2）水流畅通，井盖上无污渍、污物。

3. 注意事项

（1）掀开井盖后，地面要竖警示牌，必要时加围栏，并由专人负责监护，以防行人跌入。

（2）作业时，应穿连身衣裤，戴胶手套。

（3）必须两人以上同时作业。

模块四　清运垃圾作业

各种垃圾的收集和清运处理是日常保洁的重要工作，保洁员必须了解所负责区域内的各种垃圾、垃圾房的位置，并掌握基本的收集处理方法。

一、垃圾收集

垃圾分类收集是处理垃圾的前提，是保护环境的有效措施。

1. 垃圾分类

根据不同的分类标准，可将垃圾分为不同种类。一般来说，垃圾主要分为可回收垃圾、生活垃圾、有害垃圾和其他垃圾（见表4—16）。

表4—16　　垃圾分类

序号	垃圾类型	具体说明
1	可回收垃圾	各种可以通过物资回收系统回收利用的垃圾，主要包括纸类、塑料制品、玻璃制品、金属、布料纺织物、皮革等
2	生活垃圾	日常生活产生的垃圾，如食物残渣、废料、果皮、花草等
3	有害垃圾	主要包括废电池、废灯管、药剂罐、气体罐及各种药剂、药品等，此类垃圾必须经过特殊处理，否则会造成污染并影响人体健康
4	其他垃圾	主要包括各种砖瓦陶瓷、建筑废渣土等

2. 垃圾收集工具

各种垃圾要依据不同的类型分开收集，要使用到各种常用的工具，如垃圾桶、环卫车等，如图 4—18、图 4—19 所示。

图 4—18　垃圾桶

图 4—19　环卫车

(1) 垃圾桶。根据桶身的材质，可将垃圾桶分为不同类型，各自的性能、使用说明详见表 4—17。

表 4—17　　垃圾桶类型

序号	种类	具体说明
1	塑料垃圾桶	桶身为塑料，耐酸碱和水渍，但不耐日晒且不耐碰撞
2	不锈钢垃圾桶	桶身为不锈钢材质，内胆为塑料或铁皮材质，容易清洗，但不耐强酸碱
3	钢板垃圾桶	桶身为钢板，耐日晒雨淋，耐碰撞，也容易清洁
4	玻璃钢垃圾桶	桶身为玻璃钢，耐风吹日晒，耐酸碱，耐碰撞
5	木质垃圾桶	桶身为木质，内胆为金属材质，与环境容易协调，但不耐风吹日晒
6	水泥垃圾桶	桶身为水泥浇筑，耐风吹日晒，固定于地面，不容易被偷
7	纸浆垃圾桶	桶身为结实的可再生纸，符合环保要求
8	陶瓷垃圾桶	桶身为陶瓷，容易清洁，比较美观，但容易摔碎

（2）环卫车。环卫车主要用于收集和运输垃圾桶内的垃圾，多为铁皮材质。环卫车要定期进行清洗、消毒。

3. 垃圾收集步骤

对于分散于各垃圾桶内的垃圾，保洁员要将不同的垃圾分类收集，以便进行装载清运。具体的操作步骤如图 4—20 所示。

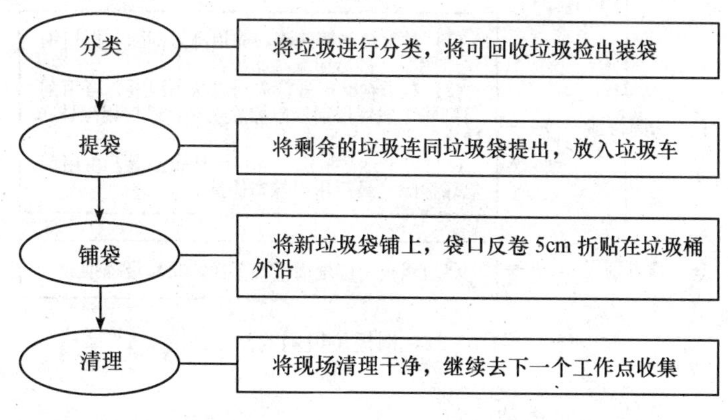

图 4—20　垃圾收集步骤

4. 垃圾桶的清洁

各种垃圾收集后，要及时将垃圾桶清洗干净。清洁时要使用到刮刀、铁刷、清洁剂等必要用具。垃圾桶多为钢板垃圾桶，下面对其清扫要点进行说明（见图 4—21）。

★提示：

垃圾桶清洁要领基本一致，只是不同材质略有不同。如塑料垃圾桶、玻璃钢垃圾桶表面的顽固污渍不能用钢丝球或铁刷清除，只能用抹布多次擦拭。对于不锈钢垃圾桶，不能用强酸或强碱清洁剂，只能使用中性清洁剂，再用抹布擦拭干净。

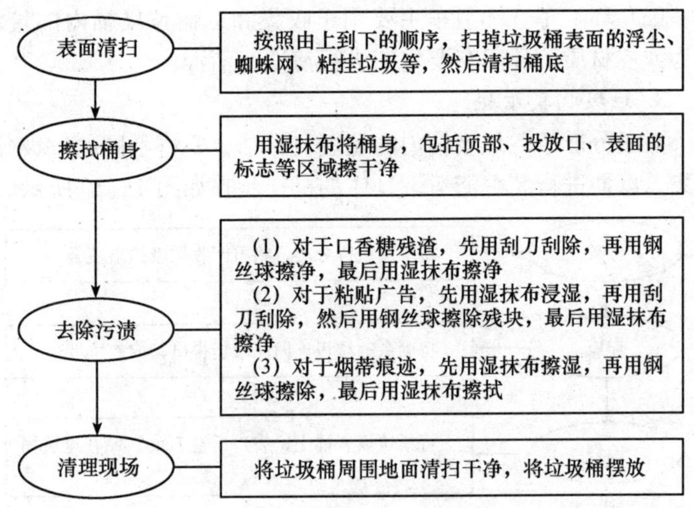

图 4—21　钢板垃圾桶的清洁

5. 垃圾池的清洁

对于小区内的垃圾池，在清洁时要按以下程序进行：

(1) 用铁铲将池内垃圾铲入手推车内，用扫帚将剩余垃圾扫干净后，打开水阀用水冲洗池内外一次。

(2) 将去污粉或洗衣粉撒在垃圾池内外瓷砖和垃圾池门上，用胶刷擦洗污迹。

(3) 疏通垃圾池的排水道，清洁周围水泥面。

(4) 打开水阀，用水全面冲洗垃圾池内外，同时用扫帚或胶刷擦洗。

(5) 关闭水阀，收回水管，锁好垃圾池铁门。

二、垃圾装载

将各种垃圾收集后，要将其集中转移到垃圾车上，再集中存放在垃圾房。具体存放时应注意以下事项：

(1) 可作废品回收的垃圾，要另放一处。

(2) 按要求做好垃圾装袋，即将各种垃圾都用袋子装好以便清运。

三、垃圾清运

1. 清运要点

保洁员在协助垃圾回收部门清运垃圾时，应注意以下事项：

(1) 各种垃圾应采取封闭方式转运，尽量不要敞开。

(2) 运输垃圾要尽量选择适宜的道路和时间，避开上下班高峰期。

(3) 在清除垃圾时，不能将垃圾散落在地面上。

(4) 清运垃圾时不能装载太满，各种装有垃圾的袋子要检查不能有漏洞。

(5) 要注意安全，不能将纸盒、箱从上往下扔。

2. 清洁标准

在协助做好清运后，要将垃圾房清理干净。保洁员要用洗洁精冲洗垃圾中转站内的地面和墙面，并用喷雾器喷“敌敌畏”药水等消毒剂对垃圾房周围进行消杀。清洁后要达到以下要求：

(1) 目视垃圾房内无杂物、污水、污垢。

(2) 垃圾房内无臭味。

(3) 垃圾车外无垃圾黏附物，垃圾车停用时摆放整齐。

模块五　消 毒 作 业

除了做好日程计划的清扫、清洁外，保洁员还必须掌握一定的消毒知识及操作，以便维护自己所管保洁区域的干净、卫生。

一、常用消毒药剂

1. 洁厕剂

洁厕剂按物理状态可分为液态、粉状和膏状 3 种，按酸碱度可分为酸性、中性和碱性。由于酸性产品比碱性产品具有更全面的去污性能，因而市场上的洁厕剂大多为酸性，而且以中强酸性居多，属于重垢型产品。弱酸性洁厕剂对水沟、黄斑几乎无效，只能用于轻垢厕盆的清洁。碱性洁厕剂主要用于除臭、漂白、杀菌和消毒。

2. 84 消毒液

84 消毒液为无色或淡黄色液体，主要用于医院和公共场所的地面、墙壁、卫生间、垃圾桶、角落等，主要用于由痢疾杆菌、大肠杆菌等肠道致病菌感染的疾病，如肠炎、腹泻，以及黄色葡萄杆菌引起的化脓性污染物的消毒。

二、消毒的方法

消毒的方法主要有擦拭法和喷洒法。

1. 擦拭法

（1）主要针对表面区域进行，包括公共区域的地面、墙壁、电梯，以及经常使用或触摸的物体表面，如门窗、桌椅、门把手、水龙头等。

（2）用配好比例的消毒液拖擦或擦拭，每天至少 1 次。

（3）要按照“从上至下、从左至右”的顺序，时间为 30～60 min。

2. 喷洒法

（1）主要针对垃圾房、垃圾桶、公共卫生间、楼梯等处消毒。

（2）将喷洒药品按要求进行稀释，注入喷雾器里，在区域内进行来回消毒。

★提示：

使用喷洒法进行消毒时，必须注意以下事项：

（1）做好安全防护，如戴好防护帽、口罩等。

（2）作业时尽量选择人少的时候，不可在人员出入高峰期喷药。

（3）楼层消毒工作应避开业主休息时间进行，并提前提醒业主注意。

（4）喷洒时，不能将药液喷洒在扶手或门窗上，更不能喷洒到小动物可以舔舐的地方。

（5）作业完成后，要用肥皂洗手并更换衣裤。

三、消毒药剂稀释

在消毒时，都要依据相应的浓度进行兑水稀释，以保证安全和有效。具体的稀释比例、容器及保存方法见表 4—18。

表 4—18　　消毒药剂稀释事项

序号	主要事项	具体说明
1	稀释比例	（1）一般性空气消毒比例为 1∶200，消毒清洁用具比例为 1∶100 （2）去污并消毒的稀释比例为 1∶50，病毒性消毒的稀释比例为 1∶25
2	稀释容器	使用量杯或水桶来稀释，水桶中放入适宜的水，用量杯取一定量的消毒液倒入水桶，搅拌后使用
3	药剂保存	（1）要保存好原始药剂，最好置放于阴凉、干燥的区域 （2）在需要使用时再稀释原液，要现用现配

★提示：

消毒液的稀释一定要视具体的区域大小、药剂的消毒效果等来确定，且在稀释时要先倒水再倒药剂，绝不能颠倒顺序。

四、卫生间消毒作业

卫生间必须每天清洗消毒，并将消毒放在最后进行。在具体作业前要准备好洁厕剂、84 消毒液、手套、口罩、拖把、抹布、刷子等必要的用具。具体的操作步骤如图 4—22 所示。

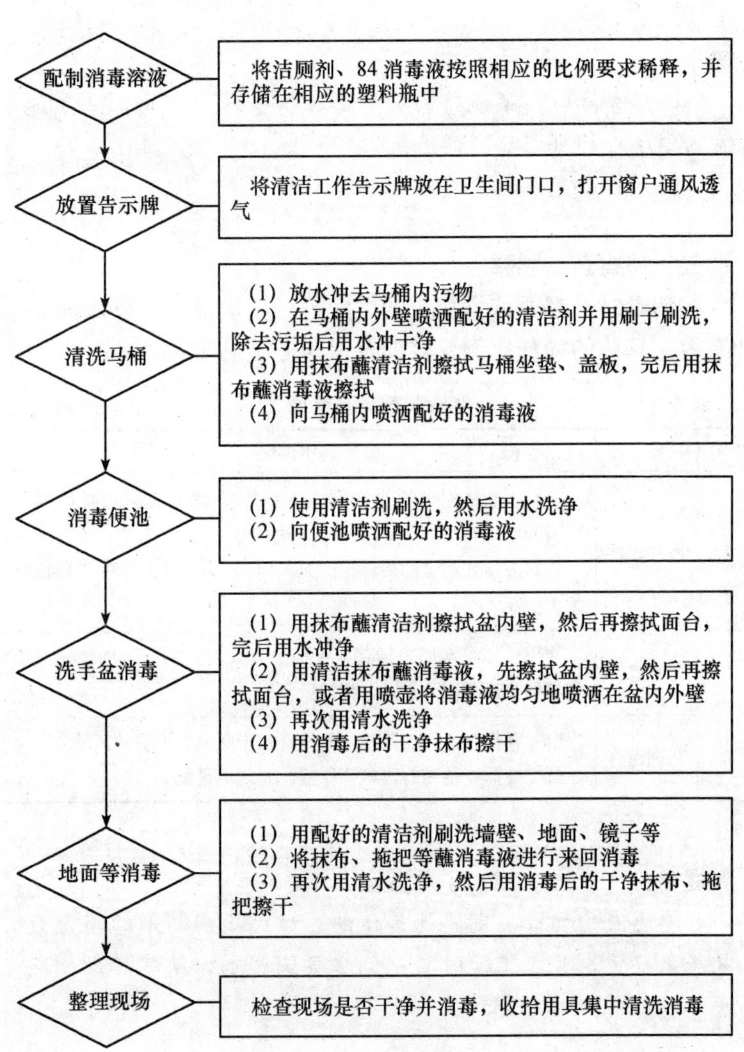

图 4—22　卫生间消毒作业

五、社区广场消毒作业

社区广场要进行全方位的消毒，包括各种健身器材、公共座椅等。

1. 健身器材的消毒

在作业前，要准备好抹布、拖把、喷壶、消毒桶、消毒药剂、手套等必要用具。具体作业时依据以下步骤进行（见图 4—23）：

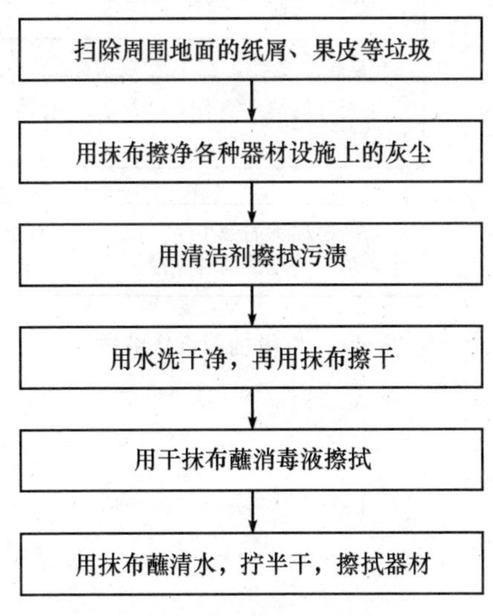

图 4—23　健身器材的消毒作业

2. 座椅的消毒

对于各种公共座椅必须每天都消毒，具体的操作步骤与健身器材的消毒大致一样，具体进行时也可以采取喷洒法消毒。

★提示：

在社区内消毒时，最好设置告示牌，以防人群和宠物中毒。此外，消毒的频率每周至少 3 次，在夏季天热时要做到每天都清洁消毒。

六、垃圾桶消毒作业

垃圾桶必须每天消毒，具体的操作步骤如下（见图 4—24）：

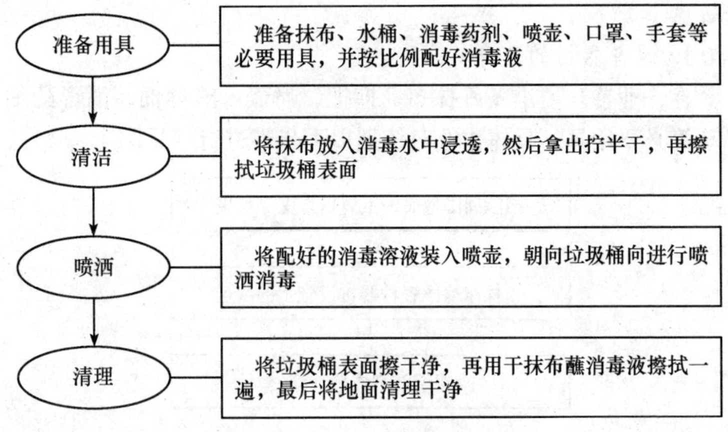

图 4—24　垃圾桶消毒作业程序

第五单元　有害生物的防治与灭杀

本单元学习目标：

1. 掌握各类虫害（白蚁、蟑螂、蚊子、苍蝇、鼠害）的防治方法。

2. 了解所在社区对消杀工作的日程安排，掌握消杀工作中的安全要点。

模块一　虫 害 防 治

在社区环境卫生管理中，对虫害的消杀工作是至关重要的。许多病媒动物容易在人群聚居地传播疾病，给人们的健康带来很大的危害，所以加强虫害的消杀防治工作是社区保洁工作中不可忽视的环节。

一、白蚁的防治

白蚁的危害极具隐蔽性、广泛性和严重性。对人类的危害主要表现在房屋建筑、水库堤坝、农林植物、埋地电缆、交通设施、生态环境的安全上，如不及时防范，常导致房屋倒塌，堤毁蚁穴。以下介绍社区中常见白蚁的防治方法：

1. 家白蚁防治

（1）粉剂毒杀法。施药技术对灭治效果影响很大，如果施药部位不当，药量过少或药粉堵塞，都达不到预期防治效果。

为了避免施药不当或其他原因造成的失误，施药后必须进行一次药效检查。由于巢间的白蚁来往频繁，所以在主巢施药，能使整个群体的白蚁死亡。从施药到全群白蚁死亡，喷砷剂在夏季需 3～4 天，在冬季约需 1 星期。

（2）诱杀法。诱杀法包括毒饵法、药饵法，是当前灭白蚁的主要方法。

（3）挖巢法。挖巢法一般用于无法解决药源的地方。冬天天气寒冷，家白蚁在 10℃以下时很少外出活动，大量白蚁集中在巢内，此时挖巢能收到较好的效果。

2. 散白蚁防治

（1）检查。检查蚁害须十分仔细认真。不但要检查已发现危害的木构件，更需细心检查尚未发现蚁害的部分，不让那些蚁害隐蔽的木构件漏网。

（2）掌握施药时机。散白蚁的分群往往出现在 2 月至 3 月连续阴雨天，天气突然转晴，温度很快上升到 20℃以上（是初春的第一个温升），气压下降到 10 134 Pa 以下，一般在 10 061 Pa 时。在一个地区，一般每年分群 2～4 次，施药时机应在第一次分群至最后一次分群以后 10 天为好，以分群的当天施药效果最佳。

（3）选择最佳施药地点。

（4）施药要深、匀、散。

（5）次年复查，连续施药。由于散白蚁在某一区域往往存在多个群体，而其中有些当年并不出现分群孔与危害迹象，因而施药时极易被忽略。

3. 堆砂白蚁防治

（1）熏蒸法。这是防治堆砂白蚁的重要方法。操作人员必须经过专门的技术培训，工作时应戴防毒面具。对于受堆砂白蚁蛀蚀的木家具，体积不大的，可放在熏蒸室或熏蒸箱内熏杀。熏蒸室的门窗必须用牛皮纸密封，也可用塑料膜罩住被熏物品，周围用沙压住，不让漏气。

（2）高温灭蚁法。堆砂白蚁在60℃以上的高温中持续几个小时便会死亡。因此，用各种方法使之产生高温，处理被蛀木材，都能防治该类白蚁。凡被堆砂白蚁蛀蚀的家具，在65℃中处理1.5 h或在60℃处理4 h，能有效地杀死白蚁。

（3）土壤处理法。因白蚁大都是通过土壤进入屋内，所以土壤部分必须加以处理，并建立毒土带。

（4）木材处理法。房屋的木材部分如梁柱或是木板，以及直接或间接接触到地下的木材都必须处理。

（5）驱除处理法。已有白蚁腐蚀的地方可钻洞注入白蚁专用药物进行群体杀灭，其他地方如木材表面、土壤、房子的地基都必须做彻底处理。

二、蟑螂的防治

蟑螂除盗食食物、损坏衣物书籍等造成经济损失外，更主要的危害是传播疾病。具体防治时可依表5—1中所示方法进行。

表5—1　　蟑螂的防治

序号	方法	具体说明
1	滞留喷洒	（1）使用药品以悬浮剂为主，在墙体结构缝隙、公共区域等场所喷洒 （2）在第一次喷洒或蟑螂密度较高的情况下，可以在较短时间内迅速降低处理场所的蟑螂密度（第一次喷洒即可使密度降低80%以上）
2	胶饵	进行蟑螂防治所选用的主要剂型，药效长达数月，效果显著，但对蟑螂的杀灭速度相对于滞留喷洒较慢
3	颗粒剂	（1）将诱饵隐蔽地布放在蟑螂出没的地方，不影响卫生和美观 （2）药效作用虽慢，但持效期很长，在干燥的环境里能保持两三个月的药效，可以补充杀灭漏网及新滋生的蟑螂 （3）可与胶饵配合使用，主要用于办公区域、酒吧、食品库房、厨房操作间及其他高卫生要求场所

续表

序号	方法	具体说明
4	粉剂	在不能喷洒且干燥的环境，可用粉剂处理，但需要注意避免可能的粉尘污染。主要用于供电和供暖设备内部的蟑螂防治
5	烟雾剂	可对不便喷药或采取其他措施的地下管道、污水井、杂品库房（有密闭条件）等环境内蟑螂密度较高的区域选用烟雾剂熏杀
6	粘蟑板	（1）放在蟑螂出没的地方，既可用来监测蟑螂密度，也可用来捕杀蟑螂 （2）无毒无味，使用安全，强力黏着，效果好。既可单独使用，也可配合粘蟑螂屋使用

★**提示：**

在选择药品时，必须使用经国家药监部门登记注册、经卫生部门许可的药剂，同时符合国际通行惯例，并根据不同的环境和虫情，选用不同的药剂和施药方法，以速效和长效药剂相结合，达到优良的防治效果。

三、蚊子的防治

蚊子不仅可以刺吸人血，还传播多种严重的疾病，因此其防治很重要。蚊类防治的重点始终是围绕如何控制、消除滋生地展开的，一般药物消灭成蚊只是辅助性的措施。具体防治时可依表5—2中所列方法进行。

表5—2　　蚊子的防治

序号	方法	具体说明
1	环境治理	尽可能清除蚊类滋生地，做好日常的保洁卫生，尽量将其清除在萌芽状态
2	物理防治	主要采用各种工具或设备进行，如纱窗、灭蚊灯等

续表

序号	方法	具体说明
3	化学防治	(1) 室内防治时，使用的方法主要有滞留喷洒、空间喷洒和蚊香以及灭蚊片的使用 (2) 室外防治时，一般多采用手提式或车载式超低容量器械开展室外空间灭蚊处理。在狭窄的城区，可以用手提式热烟雾机作热烟雾处理；空旷地带，多使用车载式热烟雾机进行处理

★提示：

在使用药剂进行喷洒或喷雾灭蚊时，一定要做好安全防护，而且施药时户内不应有人停留，户外喷药时应关闭门窗。

四、苍蝇的防治

苍蝇也是一种有害生物，极易传播各种疾病，对其防治主要从滋生地、蝇蛆和成蝇三方面实施综合防治，具体的防治措施见表 5—3。

表 5—3　　苍蝇的防治

序号	防治类型	防治要点
1	环境治理	(1) 将各种垃圾及时清除处理，做到日产日清、收集袋装化、运输密闭化、处理无害化 (2) 做好日常的保洁卫生，及时清理苍蝇的滋生环境
2	化学防治	使用化学杀虫剂，如有机磷和菊酯类制剂，品种虽然较多，但多为气雾剂以及毒饵等
3	物理防治	(1) 使用各种防蝇设施，如纱门、纱窗和风幕等 (2) 使用灭杀工具，如灭蝇拍、电击灭蝇器、粘蝇纸等

五、鼠害的防治

老鼠既破坏各种物品，又传播各种疾病，因此对于其灭杀是重点内容。具体防治时可依表 5—4 中所列方法进行。

表 5—4　　　　　　　　**鼠害的防治**

序号	方法	具体说明
1	环境治理	(1) 封堵好所有鼠类可能进入建筑物内的通道 (2) 破坏外部环境中鼠类的栖息场所，及时搞好环境卫生
2	物理防治	使用器械，如粘鼠板、捕鼠夹、捕鼠笼等
3	化学防治	(1) 使用灭鼠药剂，如各种杀鼠剂、颗粒剂毒饵 (2) 配合相关的设备，如鼠饵盒、标志旗或其他标志

模块二　灭杀工作

一、灭杀工作安排

对于前述的各种有害生物，必须要定期进行灭杀，保洁员应按计划来执行。以下是某社区虫鼠灭杀具体工作示例。

1. 昆虫类灭杀

前述的蟑螂、蚂蚁、蚊子、苍蝇等都属于有害昆虫，其具体的灭杀工作如下：

(1) 时间安排。一般每天都应进行一次灭杀工作，在夏秋季节可以增加灭杀次数。

(2) 灭杀区域

1) 各楼宇的梯口、梯间及楼宇周围。

2) 会所及配套的娱乐场所。

3) 办公室。

4) 公共卫生间、污水井、化粪池、垃圾箱、垃圾房等室外公共区域或公用物件。

5) 员工宿舍和食堂。

(3) 灭杀药物。灭杀药物一般有敌敌畏、灭害灵、敌百虫、菊酯类喷洒剂等。

(4) 灭杀要点。灭杀方式以喷药触杀为主，操作人员要穿戴好防护衣帽，将喷杀药物按要求进行稀释，注入喷雾器里，对不同的区域进行喷杀，并注意以下事项：

1) 在楼内喷杀时，注意不要将药液喷在楼梯扶手或住户的门面上。

2) 在员工宿舍喷杀时，注意不要将药液喷在餐具及生活用品上。

3) 在食堂喷杀时，注意不要将药液喷在食品和器具上。

4) 不要在人员出入高峰期喷药。

★提示：

办公室、会所娱乐配套设施的虫害灭杀工作应在人少时进行，并注意关闭门窗，将药液喷在墙脚、桌下或壁面上，禁止喷在桌面、食品和器具上。

2. 灭鼠工作

(1) 时间安排。灭鼠工作每月应进行两次。

(2) 灭鼠区域。对各楼宇、别墅、员工宿舍、食堂、会所及其他常有老鼠出没的区域进行灭杀。

(3) 灭鼠方法。主要采取投放拌有鼠药的饵料和粘鼠胶的方法。

(4) 饵料的制作

1) 将米或碾碎的油炸花生米等放入专用容器内。

2) 将鼠药按剂量均匀撒在饵料上。

3) 制作饵料时，作业人员必须戴上口罩、手套，禁止裸手作业。

(5) 饵料投放要点

1) 先放一张写有“灭鼠专用”的纸片，将鼠药成堆放在纸片上。

2) 尽量放在隐蔽处或角落、小孩拿不到的地方。

3）禁止成片或随意撒放。

4）投放鼠药必须在保证安全的前提下进行，必要时挂上明显的标志。

（6）清理工作。灭杀作业完毕，应将器具、药具统一清洗保管。一周后撤回饵料，在此期间注意捡拾死鼠，并将数量记录在“消杀表”中。

二、灭杀工作安全管理

在消杀服务的实施过程中，首先要考虑安全性。在灭虫服务的方案中，要紧紧把握以下 7 个方面：

（1）所选用的药剂和器械可以达到最高的杀灭效果，同时保证对人类和其他的动植物及环境的危害是最低的。

（2）对参与实施消杀服务的人员必须进行消杀理论和实际操作的培训和考核，让其了解国家、地方、公司对消杀的有关规定，了解消杀药剂和器械的性能，并且会熟练操作消杀器械以及正确使用消杀药剂。

（3）在实施消杀服务前，操作人员应检查消杀剂、消杀器械与消杀方案是否一致，消杀药剂的出厂日期、保质期是否与消杀方案的要求一致，消杀器械是否完好且能正常使用等。

（4）消杀药剂的运输应有安全措施，保证不散落、不溅出、不丢失、不污染环境。如出现紧急情况，有处置办法和急救措施。

（5）操作人员必须安全着装，防护装备包括硬边帽、眼镜、护目罩或覆盖面部的防护罩，以及抗化学药品的安全鞋、手套及胶袋。

（6）对已实施的消杀服务，应做好详细的记录。记录内容包括：消杀药剂；消杀器械；施药方式、时间、地点；被灭害虫的种类、数量；安全运输的方式；操作人员的安全着装及服务登记。这些详细记录的妥善保存，可以使今后的害虫综合防治有据可查。

（7）化学药品剩余物（包装器皿、包装袋箱、废旧器械、破旧安全服装）要在彻底清洗后在指定的地点进行销毁，并做好销毁记录。

培训大纲建议

一、培训目标

通过培训，培训对象可以在保洁岗位工作，或在专业从事保洁工作的机构工作。

1. 理论知识培训目标

（1）了解保洁管理的含义、保洁工作的重要性、社区保洁管理的范围和制度建设及保洁管理的具体措施。

（2）了解保洁员的职责与任职要求。

（3）掌握污垢的分级及污垢的类型。

（4）熟知引发保洁事故发生的因素，掌握安全事故的防范措施及各类保洁作业的安全细节。

（5）熟悉常见的清洁设备、保洁工具。

（6）熟知常用清洁剂、消杀用药剂及其使用注意事项。

（7）了解消毒的方法，掌握消毒药剂稀释的比例。

（8）熟知社区中有害生物的生长特征及危害规律，掌握有害生物的消杀方法。

2. 操作技能培训目标

（1）掌握保洁过程中意外受伤的处理方法。

（2）掌握清洁设备的操作步骤、要领与保养方法。

（3）掌握保洁常用工具使用方法。

（4）掌握保洁清洁剂的使用方法。

（5）掌握保洁基本作业（清扫、擦拭、拖布拖擦、尘推）的操作方法。

（6）掌握灰尘清除作业（包括门窗、电梯、地面、天花板、公共区域等）方法。

（7）掌握清洁保养作业方法。

（8）掌握清运垃圾的操作步骤与方法。

（9）掌握消毒的操作步骤与方法。

（10）掌握有害生物（包括白蚁、蟑螂、蚊子、苍蝇、鼠害）防治与消杀的操作步骤与方法。

二、培训课时安排

总课时数：96 课时

理论知识课时：44 课时

操作技能课时：52 课时

具体培训课时分配见下表。

培训课时分配表

<table>
<tr><th>培训内容</th><th>理论知识课时</th><th>操作技能课时</th><th>总课时</th><th>培训建议</th></tr>
<tr><td>第一单元　认识社区保洁工作</td><td>2</td><td>0</td><td>2</td><td rowspan="3">重点：社区保洁的含义与管理措施；保洁员的工作职责与任职要求
难点：保洁员的基本素质要求
建议：素质的基本要求结合实例讲解为佳，采用启发式和讨论式教学</td></tr>
<tr><td>模块一　社区保洁概述</td><td>1</td><td>0</td><td>1</td></tr>
<tr><td>模块二　社区保洁员的职责与任职要求</td><td>1</td><td>0</td><td>1</td></tr>
</table>

续表

<table>
<tr><th>培训内容</th><th>理论知识课时</th><th>操作技能课时</th><th>总课时</th><th>培训建议</th></tr>
<tr><td>第二单元　保洁基础知识</td><td>10</td><td>6</td><td>16</td><td rowspan="3">重点：污垢的分级、分类及清除方法；保洁工作中安全事故的防范措施及各类保洁作业的安全细节
难点：污垢的分类、分级；保洁员意外受伤的处理
建议：污垢的分类、分级以图片演示、现场观察的方式来讲解；污垢的清除及意外受伤的处理先由教师示范规范性操作，学员可两人一组练习、互相评议</td></tr>
<tr><td>模块一　常见污垢及处理方法</td><td>6</td><td>4</td><td>10</td></tr>
<tr><td>模块二　保洁作业安全</td><td>4</td><td>2</td><td>6</td></tr>
<tr><td>第三单元　保洁设备用具用品使用与保养</td><td>12</td><td>10</td><td>22</td><td rowspan="5">重点：清洁设备的操作步骤与保养要求、方法；各类保洁常用工具的正确使用；保洁清洁剂的使用
难点：清洁设备的操作方法；清洁剂的配比
建议：先由教师示范规范性操作，学员可两人一组练习、互相评议</td></tr>
<tr><td>模块一　清洁设备的操作与保养</td><td>3</td><td>4</td><td>7</td></tr>
<tr><td>模块二　保洁常用工具使用</td><td>3</td><td>4</td><td>7</td></tr>
<tr><td>模块三　保洁清洁剂的使用</td><td>3</td><td>1</td><td>4</td></tr>
<tr><td>模块四　消杀用药剂</td><td>3</td><td>1</td><td>4</td></tr>
</table>

续表

培训内容	理论知识课时	操作技能课时	总课时	培训建议
第四单元　保洁作业技能	14	31	45	**重点**：保洁基本作业（清扫、擦拭、拖布拖擦、尘推）的操作方法；灰尘清除作业（包括门窗、电梯、地面、天花板、公共区域等）方法；清洁保养作业方法；清运垃圾的操作步骤与方法；消毒的操作步骤与方法 **难点**：天花板的除尘；外墙面清洗；灯具清洁；阴沟、窨井清洗；公共卫生间清洁与消毒 **建议**：先由教师示范规范性操作，学员可两人一组练习、互相评议
模块一　保洁基本作业操作方法	3	6	9	
模块二　灰尘清除作业	3	7	10	
模块三　清洁保养作业	3	7	10	
模块四　清运垃圾作业	3	6	9	
模块五　消毒作业	2	5	7	
第五单元　有害生物的防治与消杀	6	5	11	**重点**：消杀用药剂的使用；有害生物（包括白蚁、蟑螂、蚊子、苍蝇、鼠害）防治与消杀的操作步骤与方法；消杀工作的安全 **难点**：消杀用药剂的配比；白蚁、蟑螂、蚊子、苍蝇、鼠害的施药地点和施药量；消杀过程中的安全防范 **建议**：先由教师示范规范性操作，学员可两人一组练习、互相评议
模块一　虫害的防治	4	3	7	
模块二　灭杀工作	2	2	4	
合计	44	52	96	